Le Japon éternel

平安時代の貴族は、現世に極楽浄土の世界を表現しようとした。景色のよい土地を選び、豪華な寝殿造の館で美しい彫刻や絵画で室内を飾った

時を超える美と信仰
日本の歴史

ネリ・ドゥレ 著
山折哲雄 監修
遠藤ゆかり+藤丘樹実 訳

知の再発見 双書 90 創元社 絵で読む世界文化史

日本語版監修者序文

山折哲雄

ある経済人たちの集まりに招かれて話をしたときのことだった。思いもかけず，日本を代表する企業のリーダーのひとりから，全く意外なことをうかがった。

自分たちの会社は海外の各地に事業を展開し，従業員の多くが外国人である。かれらはよく働き，日本の経済力を非常に高く評価している。ＧＤＰの点でも，日本のそれはイギリス・フランス・ドイツを合わしたのにほぼ匹敵するところまできた。その驚異的な経済の発展には本当に舌を巻いているのだ。しかしまことに残念なことに，かれらの多くは腹の底では日本人を決して尊敬してはいない。尊敬していないどころか，本当は軽蔑しているのではないかと，いつも不安な気持ちにさらされている。

なぜかといえば，日本が近代化に成功し驚異的な経済の発展をなしとげたのは，ひとえに西欧を学習しそのやり方を模倣してきたからではないか。政治・経済の仕組みから法律や警察制度にいたるまで，近代西欧社会から学んできたものばかりではないか。そのような西欧の学習と模倣に明け暮れてきた日本が尊敬されるはずはないのだと，今にして思う……。

私はその経済人の心からの悩みを聞いていて，なるほどと思った。が，ややあって，私はその人にこういった。それはそうかもしれない。明治以来の百三十年のあいだは，たしかにそうだったかもしれない。しかし，そこには一つだけ例外があるのではないだろうか。芸術と宗教の分野である。日本の伝統的な芸術と宗教の分野だけは，外からのたんなる借り物ではなかった。千年，千五百年の風雪に耐えて，この日本列島で辛抱づよく育まれてきたものだからである。その伝統にたいしては，いかなる西欧人といえども軽蔑の眼差しを向けることはできないであろう。それどころか，尊敬の念さえおこして凝視めるのではないだろうか。

その経済人は，しばらくのあいだ沈黙していたが，やがて，そうかもしれないと静かにうなづいて，立ち去っていった。そのとき私は，日本文化の伝統こそがわれわれに誇りと志の記憶を呼びさましてくれる源流であることを，あらためて思い知ったのである。

その芸術と宗教の千変万化のつづれ織りを日本歴史の全体に浮かびあがらせる――そんな仕事ができないものかと，私は長いあいだ考えていた。美と信仰の律動をとらえて，その生命力を政治や社会の成り立ちに接続させてみるといった知的冒険である。

政治や経済の世界は，時代の大波をかぶって，変転きわまりない運命に翻弄されている。権力という甲羅をかぶってはいても，一皮むけば流行を追い，ファッションに足をとられてさ迷う浮世の世界にほかならない。それにたいしてわれわれの美意識と精神性といった分野の世界は，一見流行を追い華麗な衣裳に目を奪われるようにみえて，じつはそうではない。さかまく動乱や変革の中を平然と生きのび，時代の地殻変動に耐え抜いてしなやかな筋を通す。いってみれば不易の生命感覚と誇りをいつでもわれわれに喚起してやまないものではないだろうか。

そろそろわれわれは，この美しい日本の全貌をたんなる政治史のような堅い枠組みから解放すべきときにきているのである。この誇り高き日本列島の精神的な地下水脈を，経済史といった硬直した土壌の底から再発掘すべきときにきているのだと思う。

問題はその不易の美意識や生命感覚を，どのようにして日本の歴史の背骨に注入するかということであろう。もちろんわれわれの先人たちの中で，そのような試みに手を染めた知者がいなかったわけではない。歴史の読みかえに果敢に挑戦した賢者が存在しなかったわけでもない。ところがその胸おどらせるような知的冒険の一つが，もう一つわれわれの眼前に登場することになったのである。それが本書である。

このような知的冒険が日本国内からではなく，フランスという異邦に根を下ろす日本研究者の手によってなされたということが，何よりも嬉しい。嫉妬まじりの賞讃を禁じえないのである。

著者のネリ・ドゥレさんは日本美術にかんする専門家である。そしてその美術史家の鋭い目が，同時に日本人の自然観や死生観の真髄に迫る自由をえている光景は，まことに見ごたえがある。目に見えない神の働きを語りながら源氏物語や浮世絵の世界を論ずる手法は堂に入っており，禅の風に吹かれつつ芭蕉の俳諧の本質に迫る柔軟さには，ただ惚れ惚れするばかりだ。

何よりも，色彩あふれる絵画や彫刻，そして書や庭や建築の万華鏡の映像が本書の全篇を美しく飾っている。簡潔にして繊細きわまりない贅沢な「日本の歴史」が，ここに誕生したのである。本書の原題がじつは「永遠の日本」(Le Japon éternel) とされているのも，著者の見識の奥行きの深さをあらわしていて，私は心からの共感を覚えるのである。

富士山のまえに立つ僧侶

神道の神主

仏教の托鉢僧

伏見稲荷大社の本殿入口にある注連縄《しめなわ》

伏見稲荷大社の本殿に捧げられた瓶子《へいじ》

禅寺の庭園

大覚寺の紋

CONTENTS

日本の歴史

ネリ・ドゥレ❖著
山折哲雄❖監修

「知の再発見」双書90
創元社

❖日本文化の大きな特徴は，古代からつづく信仰の伝統が，現在でもなお人々の暮らしのなかに生きていることだ。その信仰，つまり神道は，日本列島特有の豊かで変化に富んだ自然のなかから生まれた。自然そのものを神格化したこの「宗教」は，太古の時代から日本人が伝えつづけてきた，自然とうまく折りあって生きるための知恵なのである…………

第 1 章

神道の成立（縄文時代～弥生時代）

〔左頁〕厳島（いつくしま）神社の大鳥居──日本人は，目に見えない力の存在を信じる傾向が強い。神道の儀式は，そうした力に敬意を示すために行なわれる。捧げ物をしたり，感謝の言葉を述べることで，その力が自分たちに害をおよぼさないよう願うのである。日本の風景のアクセントをなす朱塗りの鳥居は，「カミ」が住む超自然的な世界につづく道を，象徴的に示している。

⇨狐（稲荷神の使者）の置物。

創世神話

天地創造について語られた日本の神話や伝説は，２つの書物，すなわち最古の歴史書である『古事記』と，最初の正史である『日本書紀』にまとめられている。

それによると，渾沌とした原初の状態から天地が上下にわかれ，海の中から３人の神があらわれた。次に４組の男女の神があらわれたが，その最後の１組がイザナギノミコト（伊弉諾尊）とイザナミノミコト（伊弉冉尊）だった。彼らは「天の浮橋」から海中をかきまぜて島をつくり，その島で結婚した。そして海や島々をつくり，数多くの神を生んだという。

やがてイザナミが死ぬと，イザナギは妻をつれもどすために黄泉《よみ》の国（死者の国）を訪れる。その後，イザナギが地上にもどって黄泉の国での穢《けが》れを清めたとき，太陽と光の女神であるアマテラスオオミカミ（天照大神），月の神であるツクヨミノミコト（月読尊），海の神であるスサノオノミコト（素戔嗚尊）の三神が誕生した。

⇩伊勢の夫婦（めおと）岩——この大小２つの岩は，もともとはひとつの岩だったようだ。日本人はこの岩の姿に，神話に出てくるイザナギとイザナミの関係を見てきた。ふたつの岩を結ぶ太いしめなわは，永遠の調和の象徴である。この夫婦岩は，たがいに対立する存在とその調和，そして「見えるもの」と「見えないもの」との関係についての日本人の考えを，よく示している。

しかしあるとき，スサノオがアマテラスに乱暴を働いたため，アマテラスは天の洞窟に引きこもり，国じゅうが暗闇でおおわれてしまった。困りはてた神々はアマテラスを洞窟からつれだすための方法を考えた。なかなか良い知恵が浮かばなかったが，突然，アメノウズメノミコト（天宇受売命）という女神が，かがり火をたき，宝石や鏡を洞窟のまえに置いて踊りはじめた。そして，しだいに興奮して着物を脱ぎはじめ，ついにはほとんど裸の状態で踊りつづけた。

その様子があまりにも愉快だったため，神々はみな大声で笑いはじめた。騒ぎを耳にしたアマテラスは，洞窟の外でなにが起こっているのか知りたくなり，戸を少し開いてたずねてみた。するとアメノウズメは，アマテラスよりもすばらしい女神があらわれたので，喜んでいるところだと答えた。好奇心にかられたアマテラスが戸のすきまから外をのぞくと，美しい女神の姿が見えた（それは鏡に写った自分の姿だったのだが）。驚くアマテラスを，怪力でしられるアメノタヂカラヲノカミ（天手力男神）が外に引きだし，洞窟の戸をしめた。こうして世界に，再び太陽の光が戻ったのである。

⇧コノハナサクヤヒメ（木花開耶姫）――この神は富士山の女神である。絵のなかの富士山の両わきにみえる太陽と月は，この山が太陽と月の通り道に位置する聖なる山であることを示している。

縄文時代(紀元前1万1000年~紀元前300年)

このような神話がのこされているとはいえ，現時点では日本の歴史を紀元前１万1000年以前にさかのぼって研究することは難しい。紀元前１万1000年から紀元前300年頃の時代を縄文時代といい，埋葬用の甕《かめ》や縄目模様をつけた土器などが数多く出土している。縄文時代はこうした土器の様式によって，６期に区分されるが，この文化圏は，火山の噴火や地震などで集落が移動するにつれ，少しずつ拡大していったようだ。

このころの文化圏の痕跡を分析すると，当時の日本列島には２つの異なった系統の民族と文化圏が存在していたことがわかる。つまり，シベリアからサハリン（樺太）をとおってやってきた北方の民族と，中国や朝鮮半島から渡ってきたと思われる南方の民族だ。北方の民族は，銛《もり》・鏃《やじり》・勾玉《まがたま》などの形が似ていることや，いけにえの風習のあとが見られることから，アイヌ（熊を崇拝し，いけにえとして捧げる風習があった）だった可能性もある。

弥生時代 (紀元前300年~紀元後300年)

一方，南方の民族は弥生時代にその勢力圏を広げていった。彼らは稲作や鉄器，織物などの技術を日本にもたらした。この時期から，死者が埋葬されるときには甕のなかに副葬品が入れられるようになったが，この風習は中国大陸から伝わったものだろう。副葬品は青銅製の鏡や武器，装飾品

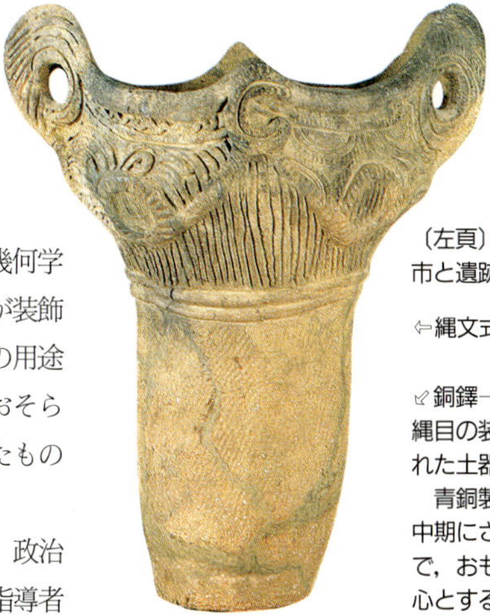

などで，紀元前１世紀にはすでにこうしたものが利用されていたことがわかる。出土品のなかでも，とりわけ重要なのが銅鐸だ。これは青銅製の鐘《かね》で，幾何学模様や人物・動物などの絵が装飾として描かれている。銅鐸の用途はよくわかっていないが，おそらく宗教上の儀式で用いられたものと思われる。

そして時代が進むにつれ，政治と宗教の両面をつかさどる指導者に率いられた小国家が，各地に誕生していく。これらの小国家は近隣諸国と戦闘をまじえながら北方に向けて勢力を拡大し，そのなかから，やがて畿内に「大和」という国家が形成されていった。

このころの日本の歴史を伝える重要な資料が，中国の史書である『漢書』だ。この本のなかには，「倭」と呼ばれる当時の日本が，多くの部族あるいは小国家にわかれていたことが記されている。神話では，やがてこれらの小国が，アマテラスの系譜に属する神武天皇によって統一されたことになっている。しかし実際には，内乱を勝ち抜いた一族の長が，統一後に天皇を名乗ったということなのだろう。日本の神話は，アマテラスの孫のニニギノミコトの曽孫である神武天皇を初代の天皇とすることで，天皇が神々の子孫であることをはっきりと示そうとしたのである。

〔左頁〕日本のおもな都市と遺跡の場所

⇦縄文式土器

⇙銅鐸——縄文式土器は，縄目の装飾模様がつけられた土器である。

青銅製の銅鐸は，弥生中期にさかのぼる出土品で，おもに四国地方を中心とする丘陵の斜面などに埋められていた。

⇧アイヌ——漁猟民族であるアイヌは，大きな鼻，高い頬骨，白い肌，濃くて黒い髪やひげといった身体上の特徴をもっていた。彼らの衣服は，紺と白の幾何学模様で飾られていた。

古墳時代

3世紀になると，地方の有力者たちは巨大な墓，いわゆる古墳をつくるようになった。古墳のなかからは，青銅製の鏡，翡翠《ひすい》などの宝石，鉄剣などの財宝が数多く出土している。石棺（あるいは土棺）は，赤・青・白などの色で塗られ，そのまわりには埴輪が置かれた。

埴輪は家屋や人物・動物などをかたどった素焼きの土でつくられており，副葬品として用いられていた。おそらく，はじめは人間がいけにえとされていたのを，埴輪で代用するようになったものと思われる。

神道

日本の原始部族の信仰がどのようなものだったかは，よくわかっていない。しかし３世紀になると，稲作にともなう農耕儀礼，すなわち神道の原始的形態があらわれてくる。とはいえ，当初は特定の儀式も神殿もなく，自然と共存する人間の生活や知恵を儀礼化したものにすぎなかったようだ。人々は自然のなかの大きな力を恐れ敬うことを「神道」ととらえ，それを自分たちの生活の基盤としたのである。だが，数世紀のちには，神道は日本人のアイデンティティーとしての地位を確立する。そして日本人はその後，さまざまな外来文化の影響を受けながらも，自らのアイデンティティーを失うことはなかったのである。

いつの時代でも日本人は，台風や火山の噴火，岩や水の力などに宇宙の内部に秘められたエネルギーを感じ，同時に物質的な存在のはかなさを感じてきた。そのような世界観をつきつめてゆけば，人間さえもが宇宙の一部であり，宇宙のエネルギーが一時的に形をとったものにすぎないということに

〔左頁〕古墳の内部――３〜７世紀につくられた古墳は，西日本を中心に分布している。古墳の形は時代とともに変化したが，おもに円墳・方墳・前方後円墳・前方後方墳の４種類にわけることができる。

古墳の内部には，石棺をおさめるための部屋がある。この写真の壁画は，そのひとつに描かれていたもので，赤と黒で日常生活の場面が描かれている。これは，日本でもっとも古い絵画のひとつである。

⇦埴輪――埴輪は素焼きの土で作られ，古墳の上に立てられていた。埴輪のなかには，着色されていたあとが残っているものもある。

⇦伏見稲荷大社――京都にある伏見稲荷大社は，複数の神をまつっているが，とくに有名なのは神の使者としての狐に対する信仰である。711年に最初の社（やしろ）が建てられたとされるこの神社では，参拝者たちが狐の石像に供物をささげている。

なる。したがって，宇宙の調和を乱すような行動をとる人間や，宇宙全体を流れるエネルギーの法則からはずれるような存在は，いっさい認められない。日本人は物質的な存在のはかなさを「無」や「空」という概念であらわすが，それはけっしてネガティヴなものではない。「無」や「空」のなかでは，宇宙を構成するさまざまな要素が，すべて密接な関係で結ばれているのである。

このような「目に見えないもの」を重視する日本人の特質は，すべての自然に宿る精霊，すなわち「カミ」という概念を生みだした。植物，樹木，動物，岩などに宿り，人間に恵みをもたらしたり，罰をくだしたりするこれらの力は，自然を恐れ敬う日本人のイマジネーションのなかから生まれた。そのため日本ではいまでも，たとえば樹齢何百年という大木には，聖なる場所であることを示す「注連縄《しめなわ》」が張られている。また，古い都である奈良では鹿が神聖な存在とされ，京都の神社（伏見稲荷大社）では狐が神の使者として敬われ，和歌山県では那智の滝が「神滝」としてあがめられている。

⇧樹木に貼られた「しめなわ」――ほかの神社と同じく，伏見稲荷大社にある古木にも，わらで作られたしめなわが張られている。これは，その場所が「カミ」の宿る神聖な場所であることを示すためのしるしである。

縄には一定の間隔で，作法どおりに折られた紙の四手（しで）が挟んでさげられている。

「カミ」に対する信仰

神道における数多くの神々は，７～８世紀以降，神社を中心とした信仰や儀式の主役となった。神社が建てられているのは，例外なく豊かな自然をそなえた場所である。参拝に訪れた人々は，まず朱塗りの鳥居をくぐり，長い参道を進む。すると森の奥深くに社殿があらわれるという具合だ。また，田畑や丘，道端などにも，その地方の神々をまつった小さな祠《ほこら》が建てられている。

こうした神々は，たがいに共存しながら日本人の日常生活を支えている。また各家庭でも，先祖の霊をまつるために神棚を設け，食べ物を供えたり，香をたいたりする。このように，「目に見えないものの世界」は，現代でも日本人の現実世界と深いつながりをもっているのである。

⇦神主――神主は，神々と人間の仲介者として，水や塩を用いて清めの儀式などを行なう。

この絵で神主が右手にもっているのは絵馬である。絵馬は，神々に祈願する内容を描き，奉納するための板で，10世紀頃から，供物の代わりに利用されるようになった。

⇩伊勢神宮――伊勢神宮の内宮（ないくう）には，天照大神が皇室の祖神としてまつられている。ここには皇位継承のしるしである八咫の鏡（やたのかがみ）が安置されている。また建物も，わらぶき屋根と交差した梁という，神社建築の特徴を備えている。

❖原始時代の日本には，神道が深く根づいていた。ところが552年に朝鮮半島の百済から仏像や経典がもたらされ，日本に仏教が伝来した。この異国の宗教の受け入れをめぐって，有力者たちのあいだに激しい争いが起こったが，結局，594年に聖徳太子が出した仏教興隆の詔によって，仏教は国家宗教としての道を歩みはじめることになった……………………

第 2 章

仏教の伝来（飛鳥時代～平安時代）

〔左頁〕インドの僧侶，無著（むじゃく）の木像――奈良の興福寺の秘宝であるこの像の表情も，人類に対する慈愛と善意に満ちたブッダの顔つきによく似ている。

⇨お釈迦様――インドの王族として生まれた釈迦牟尼は，のちに仏教の開祖となり，ブッダという名で呼ばれるようになった。

日本に根をおろした仏教

インドで生まれた仏教は，中国や朝鮮を経て，６世紀に日本に伝来した。このとき，日本古来の神道を守ろうとする人々と，新しい異国の宗教をとりいれようとする人々のあいだで，激しい対立が起こった。

しかしやがてその対立も，２つの宗教が共存する形で決着する。つまり，先祖の霊や「目に見えない力」を信仰する神道は，公私におけるさまざまな行事の中で，それまでと同じ重要な役割をはたすことになった。その一方で仏教は，国家を運営するために必要な規則を提供し，社会の基盤を形づくっていった。仏教の教えは，精神的な規律を守ることを重視していた。そのため中国でも日本でも，国家を運営するシステムとして，ふさわしかったのだろう。

〔右頁左〕聖徳太子――中国の思想や仏教の経典に通じていた聖徳太子（574～622年）は，保守的な勢力の反対を押しきって，仏教を国教化する政策を進めた。現在彼は，奈良の法隆寺にまつられている。

〔右頁右〕虚空蔵菩薩像――７世紀の彫刻には傑作が多いが，法隆寺に隣接する法輪寺の虚空蔵菩薩像は有名な作品である。虚空蔵とは，虚空（大空）のように宇宙のすべてのものを含み，母胎のようにあらゆる人間を無限の愛でつつむという意味で，両手に結ばれた印は，福徳と受容を象徴している。

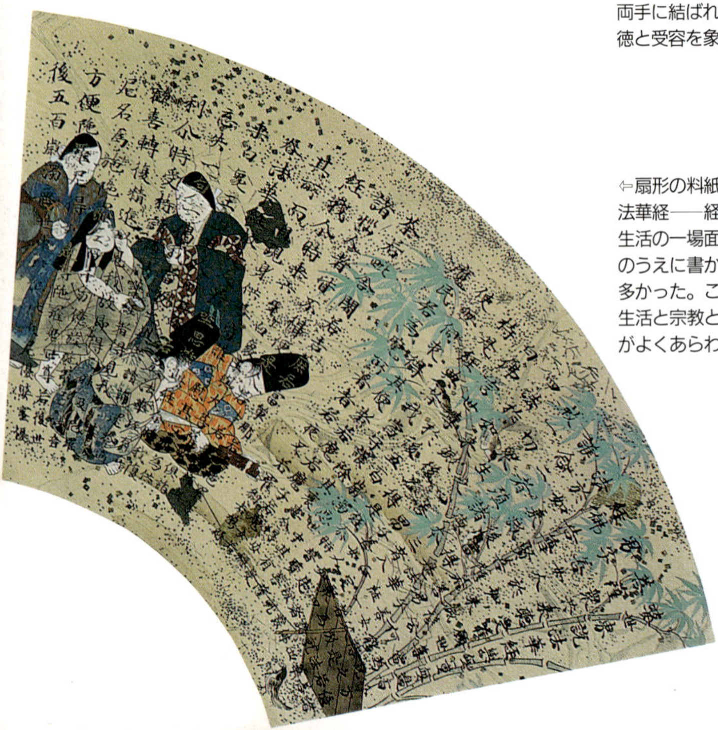

⇦扇形の料紙に書かれた法華経――経典は，宮廷生活の一場面を描いた扇のうえに書かれることが多かった。ここには日常生活と宗教との結びつきがよくあらわれている。

日本最古の本格的な寺は，奈良の飛鳥に建てられた法興寺（飛鳥寺）である。飛鳥は７世紀に皇居が置かれた場所で，この時代はその地名をとって「飛鳥時代」と呼ばれている。日本は固有の文字をもたなかったため，仏教の教えは中国語の文章，つまり漢文による経典で伝えられた。このことは中国文化が日本に根づく大きな原因となり，こののちもずっと上流階級や知識階級の人々は，読み書きに漢字を使いつづけた。また経典だけでなく，中国の重要な法律文書や文学書なども輸入された。604年頃に聖徳太子が制定したと伝えられる，日本で

最初の成文法である十七条憲法も，漢文で書かれている。しかし，「和をもって貴しとなす」という一文で知られるこの憲法は，現代的な意味での法律ではなく，生活上の行動規範を示した道徳律だった。

時の権力者である聖徳太子が進めた宗教政策により，天皇・貴族・僧侶のあいだのきずなは強まり，やがて仏教は国じゅうに広まっていった。こうして仏教は，日本社会をひとつにまとめあげることに成功したのである。

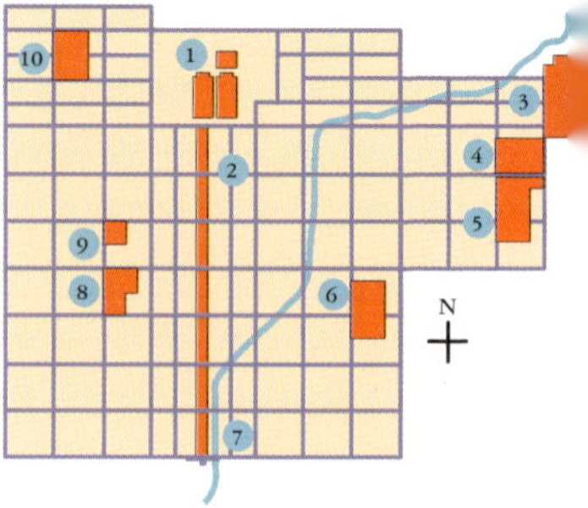

⇧平城京の概略図──縦と横の道路によって，碁盤の目のように区画された平城京では，飛鳥から移築されたり，新しくつくられた木造の大寺院が威容を誇っていた。

①平城宮
②朱雀門
③東大寺
④興福寺
⑤元興寺
⑥大安寺
⑦羅生門
⑧薬師寺
⑨唐招提寺
⑩西大寺

奈良──政治と宗教の中心地

神道の考えによると，人の死は穢《けが》れであった。そのため天皇が亡くなると，新しい天皇は先帝の住まいとは別の場所に自分の皇居を建て，そこで新しい治世のはじまりを迎えた。

ときには都そのものを遠く移動する「遷都」も行なわれた。710年には奈良（平城京）が都として選ばれ，貴族たちは競ってこの新しい土地に寺を建てはじめた。これらの寺院は，本尊を安置する金堂（仏殿）のほかに，経典を講義したり説法したりする講堂や，哲学や科学などを研究する建物など，複数の堂塔《どうとう》で構成されていた。そしてしだいに多くの僧侶たちが，法隆寺，興福寺，東大寺，唐招提寺といった寺にわかれて修行を積むようになっていった。

こうした奈良の寺では，「宗」と呼ばれるさまざまな学派の研究がなされていた。各宗は戒律や奥義に違いがあったが，それぞれが補完しあってこの時代の仏教を発展させた。各宗とも，人間と万物とがたがいに影響しあい，抑制しあって存在してい

⇩東大寺南大門の木組

⇧興福寺――手前から南大門，中門，金堂，講堂と続いている。中央の右側には東金堂，左側には西金堂が建ち，手前の右側には五重塔が，左側には南円堂と三重塔がある。また左奥には北円堂が建てられている。

るという思想では共通していたのである。

８世紀前半の日本を支配した聖武天皇は，奈良に東大寺を建てて盧遮那仏（大仏）をつくった。蓮華座にすわる巨大な仏像は，まさに理想の世界の象徴だった（東大寺は，世界最大の木造建築物とされている）。この時代には写経もさかんに行なわれ，聖像画とともに経典が刻まれた木簡が参詣者のためにつくられた。これがおそらく日本で初めて，文献が多数複製され，配布された事例だろう。

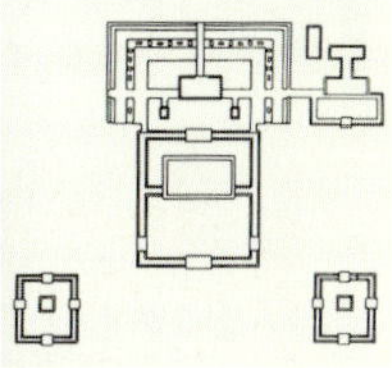

東大寺

743年に建造が開始された東大寺は，1180年に平氏の焼き討ちにあい，その後当時の中国（南宋）の建築様式を参考にして再建された。

しかし1567年に，南大門を除く建築物は再び戦火によって炎上する。その後，1688年に再建されたものが，現在の東大寺である。

再建された大仏殿は，面積は約 3 分の 2 に縮小されたにもかかわらず高さは元のままなので，全体にややバランスが悪いが，日本最大の木造建築である。

大仏殿の内部に安置されている高さ約16メートルもの金銅製の大仏像は，749年に聖武天皇の命令によってつくられたもの。大仏は蓮華座のうえに座り，18世紀に再建された頭部のうしろには光背が輝いている。

東大寺にはこの大仏殿のほかにも，数多くの建物がある。

〔左頁上〕南大門
〔左頁下〕大仏殿
〔右頁〕大仏
〔上図〕東大寺の建物の配置図

菩薩──芸術的インスピレーションの源

仏教には，実にさまざまな信仰の対象が存在する。正しい悟りを得た者である仏陀（仏）や，悟りを目ざす者である菩薩，仏を守護する明王《みょうおう》，地獄の大王である閻魔《えんま》，悪霊である鬼などだ。これらは7世紀以降，画家や彫刻家たちがそろってとりあげる芸術上のテーマとなった。当時の絵や彫刻はたいてい作者がわからないが，完璧なまでの神々しさを表現したすばらしい作品が多い。

仏のなかでもっとも重要な阿弥陀仏は，人間を極楽浄土へとみちびく仏である。インドふうの衣を身につけた阿弥陀仏は，よく山の向こう側に姿を見せた形で描かれる。これは，

⇩三十三間堂の千体観音──三十三間堂は1164年に，後白河法皇の命令によって京都に建てられた（この名は，本堂内陣の柱間が三十三間あることに由来する）もので，蓮華王院（れんげおういん），あるいは千体観音堂と呼ばれることもある。

その本尊の千手観音坐像は，鎌倉時代の仏師湛慶による作品である。本尊の背面には二十八部衆立像が，左右にはそれぞれ500体の千手観音立像が置かれている。これらの観音像は，どれひとつとして同じ姿をしているものはない。

救うべき人間がこの世にひとりでも残っているかぎり，阿弥陀仏は涅槃しない（死なない）ことを示している。また大日如来は真言密教の本尊であり，普賢菩薩は知恵と慈悲をつかさどる仏で，よく白い象の上の蓮華座に座った形であらわされる。

阿弥陀仏の左右には観音・勢至の二菩薩が立つが，そのうち観音菩薩は，すべての人間を救いにやってくるとされ，日本でもっとも広く信仰されている菩薩だ。そのなかで，生きものすべてを救済するために，姿を７種類に変えた観音菩薩を七観音という。つまり，千手《せんじゅ》観音，如《にょ》意輪《いりん》観音，十一面《じゅういちめん》観音，聖《しょう》観音，馬頭《ばとう》観音，準《じゅん》胝《でい》観音，不空羂索《ふくうけんじゃく》観音である。

⇧普賢（ふげん）菩薩――白象に乗った普賢菩薩は，10人の神女を従えて，栄光の輝きにつつまれながら西方へと向かう。

普賢菩薩は法華経を何度も書き写した信者を守りにやってくると考えられていた。紺に染めた紙に金字で書かれた法華経の巻物が，現在も多数残されているのは，そのような理由からである。

1000本の手をもつという千手観音は，そのうちの42本が仏の性格や働きを表わす持ち物を握るか，印（悟りや誓願の内容などを象徴的に示した手指の形）を結んでいる。如意輪観音は普通６本の手をもち，蓮華座に座っている。十一面観音は11の顔をもつ観音菩薩で，聖観音は慈悲の菩薩である。頭

上に馬頭をいただく馬頭観音は，馬のような速さで世界じゅうを駆けめぐり，不幸な人々を救い，悪魔を追いはらう。准胝観音は3つの目と18本の手をもっている。そして不空羂索観音は，人間をひとり残らず救済する観音である。

弥勒菩薩は，仏教の開祖であるブッダ（釈迦）の没後56億7000万年後に下界にくだって仏となり，人間を救う存在とされている。

地蔵菩薩は，あらゆる状況において人間を救済する菩薩だが，子どもを守ってくれるとされることから，とくに人々の信仰を集めている。絵に描かれるときは，顔はあふれんばかりの穏やかさをたたえて若く美しく，身は僧衣をまとい，両手にそれぞれ宝珠と錫杖（僧侶が持ち歩く，頭部に数個の輪がついた杖）をもって蓮華座に立った姿をとることが多い。

⇩阿弥陀来迎図――光の仏陀である阿弥陀仏は，信者たちを迎え，極楽浄土へとみちびく。そのとき阿弥陀仏は，「南無阿弥陀仏（阿弥陀仏に帰依します）」という聖なる言葉を唱える人々を，無知と恐れから解放し，彼らに悟りの境地をもたらす。

明王と鬼

仏の使者である明王のうち，重要なのは五大明王である。大日如来の化身である不動明王はその主尊で，炎につつまれた姿で表現される。両手にはそれぞれ悪魔を制するための剣と，仏の教えに背いた者をこらしめるための羂索（綱）をもっている。阿弥陀仏のもっとも恐ろしい化身であり，地獄の王の閻魔さえ打ち負かす大威徳明王もまた，炎につつまれた姿で描かれる。残りの三明王は，降三世《ごうざんぜ》明王，軍荼利《ぐんだり》明王，金剛夜叉《こうごうやしゃ》明王で

不動明王と地蔵菩薩

9世紀に真言宗とともに伝えられた不動明王（⇦）は，悟りをさまたげるものを打ち負かすよう，仏から命を受けている。その体が青黒いのは，自分自身を抑えていることを示している。右手にもっているのは悪を退治する剣，左手にもっているのは人々をこらしめるための羂索（綱）である。

地蔵菩薩（⇩）は子どもの守護神であり，またあらゆる人々を無限の愛につつみこむ，やさしい菩薩である。

ある。

闇魔は人間の生前の行ないを審判する地獄の大王だが，男性の霊魂だけを支配し，女性の死後の運命は闇魔の妹が決める。闇魔の配下には多くの鬼がいて，姿をさまざまに変えて人間界で悪さをするが，それほど危険な存在ではない。

奈良時代の傑作

奈良時代につくられた彫刻は，日本美術の最高峰を飾る，すばらしい作品ばかりである。京都の広隆寺にある国宝の弥勒菩薩像〔左頁〕は，美しさと清らかさの表現として海外でも名高い。弥勒菩薩は慈氏（じし）菩薩ともいい，将来下界にくだって仏となり人々を悟りの道へとみちびく菩薩である。

奈良の東大寺には，薬師如来の左右に立つ，日光菩薩像と月光菩薩像〔右頁〕がある。8世紀につくられたこの2つの像は，2メートルもの高さがある彩色塑像（粘土でつくられた像）であり，当時の技術が非常に高かったことを示している。

また東大寺には，仏教の守護神である持国天（⇨40頁）や広目天（⇨41頁）の像もある。これらの像も同じく彩色塑像で，高さは1メートル60センチもある。

神仏のようにあがめられた僧侶たち

一方，非常にすぐれた僧侶たち，たとえば宗派の開祖たちを題材とした彫刻や絵画もある。それらは寺のなかに飾られて，僧侶たちが瞑想をする際の支えとなったり，参詣者たちに拝まれたりした。また参詣者たちのなかには，それらの彫刻や絵画の複製をつくってもちかえり，自分の家の仏壇に飾る者も多かった。

奈良時代には，南都六宗と呼ばれる６つの宗派がさかんに

最澄と空海と鑑真

最澄（⇩）あるいは空海（⇦）といった，日本仏教の偉大な僧侶たちの像は，信者が開祖の顔を知り，その教えの象徴としてあがめるために役だった。こうした多くの肖像画は，僧侶や信者が瞑想する際の心のよりどころとなっていた。

左の絵のなかで，空海は蓮華坐をくみ，右手には煩悩を打破する象徴として五鈷（ごこ）を握っている。

右頁はおそらく生存時につくられたと思われる鑑真像で，現在もなお人々の尊敬を集めている有名な作品である。

研究された。こうした研究はサンスクリット語で書かれたインドの文献や，日本の僧侶たちが漢文で書いた経典によって非常な発展をとげた。南都六宗のひとつである律宗は，唐から渡来した鑑真によって754年に創始された。鑑真は日本への渡航の途中で失明したが，経典を暗誦することができたという。

伝教大師の名で知られる最澄も，偉大な業績を残した僧侶である。彼は14歳で僧となり，中国における仏教の教え，とくに法華経を学んだ。そして794年に比叡山で庵を結ぶが，これはのちに延暦寺，すなわち最澄が創始した天台宗の総本山となる。彼は「仏の真実の言葉」についての戒律を重視し，あいまいな解釈を排して仏の教えをあきらかにしようと努めた。

仮名を発明したとされる僧侶，空海

弘法大師の名で有名な空海も，「仏の真実の言葉」を学ぶため，９世紀初めに唐に渡った。そして数年後に帰朝したが，そのとき彼は仏教に関する文物だけではなく，新しい体系的な知識を持ちかえって，日本に広めた。816年に彼は高野山に金剛峰寺を建てたが，のちにそこは彼が創始した真言宗の総本山となる。真言宗

⇦真言宗の曼荼羅――真言宗は，仏菩薩（ぶつぼさつ）の隠された真実の言葉を教え，理念の象徴である印を結び，宇宙の真理を表現した曼荼羅を理解することを目ざした。
　左の曼荼羅に描かれた円や正方形のなかには，それぞれひとりの仏菩薩の名前がサンスクリット語で記されている。それを解読することができるのは，奥義を授かった僧侶だけである。

は，なによりも秘伝の経典を研究することに全力を注ぐ密教の重要な宗派だった。

　空海には，密教の書物に記されたサンスクリット語から派生した文字をもとに，日本語の基礎となる仮名文字を発明したという伝説がある。また彼は詩をつくったが，それぞれの作品の形式は同じではない。それはまるで，物質的な存在が永遠のものではないと考える仏教の思想を反映しているかのようである。

　空海の博識ぶりはさまざまな論が展開された書物の存在でもあきらかだ。たとえば彼は主著である『十住心論』のなかで，人間が現在生きている物質的な世界はまぎれもない現実であり，それを本質的に理解する必要があると述べている。

⇩仁王像――東大寺南大門にある，この一対の仁王像（金剛力士像）は，高さが8メートルもある。伝説によれば，この像は運慶と快慶に率いられた慶派の仏師たちによって，2カ月たらずでつくられたという。

芸術家でもあった僧侶たち

仏菩薩の絵と同じく，高僧たちの肖像画や，仏教の伝説上の場面をテーマにした絵画も，作者はよくわかっていない。絵画に署名が残されていないことから考えると，あるいはこれらの作者は僧侶たちであり，寺のなかで描いていたのかもしれない。

絵画とは違い，有名な寺にあるいくつかの主要な彫刻は，その作者がわかっている。そのため彼らは，世界の美術史にその名をとどめることになった。

東大寺は，武家政権を樹立した平氏によって1180年に焼き討ちにあったが，1199年には僧侶の重源によって再建された。平氏に代わって実権を握った鎌倉幕府初代将軍の源頼朝は，源平の戦いにおいて源氏側で活躍した僧兵たちに報いるため，戦火で焼けた寺の復興を決めた。また，彼は平安時代後期におこった仏師の一派である慶派に，仏像の造立を任せている。

その慶派の基礎を築いた康慶の子である運慶と，運慶の弟子である快慶は，1203年に東大寺南大門の金剛力士像を完成させた。また運慶は，のちに興福寺の弥勒菩薩像や無《む》著《じゃく》・世親《せしん》像もつくっている。

⇧飛白（ひはく）で書かれた文字――空海には，サンスクリット語から仮名文字をつくったという伝説がある。上の文字は，飛白と呼ばれる，刷毛でかすれ書きにした書体で書かれたものである。

現在，空海のいくつかの書は，真言宗の総本山である高野山の金剛峯寺に所蔵されている。

❖794年，桓武天皇は寺院の勢力が拡大した奈良を離れ，京都に平安京と呼ばれる新しい都をつくった。そして1185年に平氏が滅亡するまで，平安京は高度に洗練された宮廷文化の中心地として栄えつづける。平安時代は日本文化の黄金期であり，この時代に生まれた貴族文化は，19世紀まで見習うべき模範として生きつづけた……………………………

第3章

宮廷文化（平安時代〜室町時代）

〔左頁〕鷹狩の風景――鷹狩は宮廷人たちの楽しみのひとつだった。贅沢な衣装をまとった皇族や貴族たちが鷹狩に興じる様子は，16世紀に栄えた桃山文化において，土佐派が好んでとりあげる絵画のテーマとなった。

⇨江戸時代中期の蒔絵箱――尾形光琳の作品

平安時代の皇族や貴族たちは，自分たちの権力を示すために競って寺院を建立し，そこに贅沢な装飾を施した。たとえば京都の平等院は1052年に左大臣，藤原頼通が別荘を改修したもので，バランスのとれた美しさで知られる。とくに阿弥陀仏を安置した鳳凰堂は目を見張るばかりの贅沢さで，当時の極楽浄土のイメージが再現されているかのようだ。

当時，死後の世界である極楽浄土には完全な美しさが存在するとされ，そのため死は好ましいものとさえ考えられていた。この鳳凰堂に安置されている，仏師定朝のつくった阿弥陀仏像は，２メートルもの高さがあり，全体が黄金に輝いている。寄木造で制作されたこのような仏像のなかには，金字で書かれた経典や宝石など，さまざまな貴重品が納められていることが多かった。

宮廷生活

平安時代の貴族たちは，きわめて洗練された世界に生きていた。金箔をちりばめた色鮮やかな絵画が飾られた彼らの邸宅は，その家の主人が天皇の側近としてふさわしいことを示すかのように贅沢さを競いあっていた。

⇧草むらを歩く光源氏——上の絵は『源氏物語』の15巻目である「蓬生（よもぎふ）」の一場面を描いたもの。数日間つづいた雨がやんで月が出た夜に，光源氏は草深い土地で朽ちはてている邸宅のまえを通りかかる。そこには，ひたすら光源氏の訪問を待ちわびている女性が住んでいた……。

枝から落ちてくる雫がかからないよう，草むらのなかを歩く光源氏のうしろから，従者が傘をさしかけている。

貴族の生活は，一見つまらないこまごまとした出来事で満たされていたが，それらは宮廷という特殊な世界においては，決して無視することができない大切な約束事だった。たとえば香合《こうあわせ》，貝合《かいあわせ》，歌合《うたあわせ》，書の鑑賞，蹴鞠《けまり》，季節の花をめでるための散策，笛の稽古などは，貴族のたしなみとして重んじられていた。また礼儀作法は最高の美学だと考えられ，無意味だという感情を抱く者はいなかった。

しかし一方で貴族たちは，自分たちの生きる社会が実のところ，はかなくてむなしいものだということも知っており，その重苦しい現実に対して絶望的な思いも抱いていた。このような仏教に由来する感覚的な観念は，道徳や倫理よりも強く社会に浸透した。なぜなら当時は，庶民が飢餓や貧困にあえぐ不安な社会だったため，中国から輸入された厳密な学問や，難解な密教の教えは，人々の心をとらえることができなかったからである。

⇙平等院鳳凰堂

⇧阿弥陀如来像——宇治の平等院はもともと藤原氏の別荘だったが，1052年に藤原頼道が寺院に改修し，鳳凰堂と呼ばれる阿弥陀堂を建立した。

蓮の花が咲く池のほとりに建つ平等院は，極楽浄土を再現したかのように豪華絢爛な威容を誇っていた。

この鳳凰堂には，仏師定朝の手による阿弥陀如来像が，いまも無傷のままで安置されている。菩薩像に囲まれて瞑想する阿弥陀仏如来像は，当時の仏像制作者たちに大きな影響をあたえた。

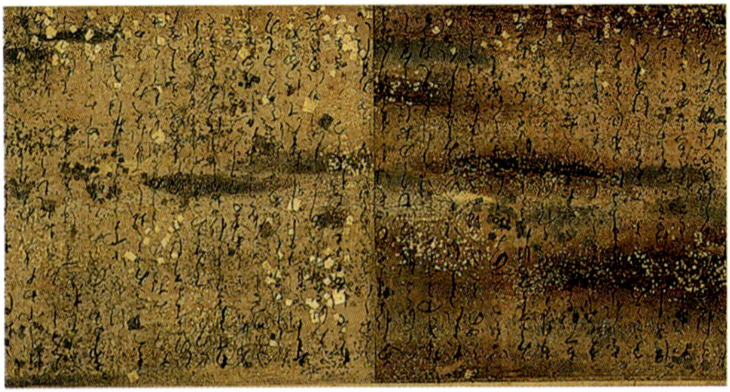

⇦源氏物語絵巻の詞書——『源氏物語』は数多くの人々によって書き写された。左は『源氏物語絵巻』の詞書の部分で，金箔や銀箔がちりばめられた高価な紙に書かれている。

仮名文字と女流作家

そんななかで，9世紀に生まれた仮名文字は，日本の文化に大きな変革をもたらした。貴族階級の女性たちがそろってこの新しい文字を利用し，ついには日本文学の源流ともいえる物語文学が，続々と生みだされるようになったのである。

僧侶，役人，教養人といった男性たちは，その後も仮名文字は「女のための文字」だと軽蔑し，漢字を利用しつづけた。ところが宮中で貴人のそばに仕える女性，すなわち女房たちは，厳しい礼儀作法が要求される狭い世界で生活しながらも，貴族や召使たちの言動をつぶさに観察していた。そして目のまえでくりひろげられるさまざまな陰謀を巧みに見抜き，それらを女性ならではの鋭敏な感覚と繊細な表現で文章にまとめあげたのである。

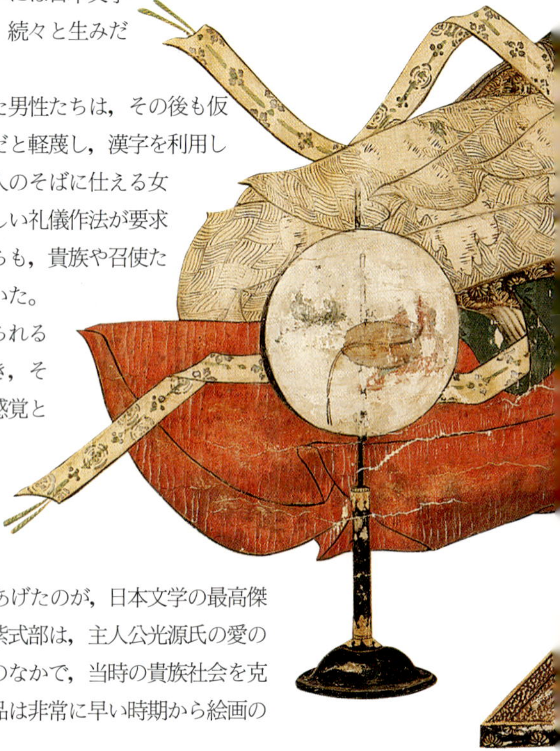

このような女房のひとりである紫式部が，10世紀末から11世紀初めにかけて書きあげたのが，日本文学の最高傑作とされる『源氏物語』だ。紫式部は，主人公光源氏の愛の遍歴をつづったこの長編物語のなかで，当時の貴族社会を克明に描きだしている。この作品は非常に早い時期から絵画の

重要なテーマにもなり，公的な絵画制作機関である絵所では，物語の主要場面から選ばれた絵が詞書《ことばがき》（文章）とともに巻物に描かれた。

『源氏物語』に続いて11世紀には，菅原孝標女《すがわらのたかすえのむすめ》による『更級日記』，清少納言による『枕草子』など，女房たちの手による文学作品が数多く誕生している。

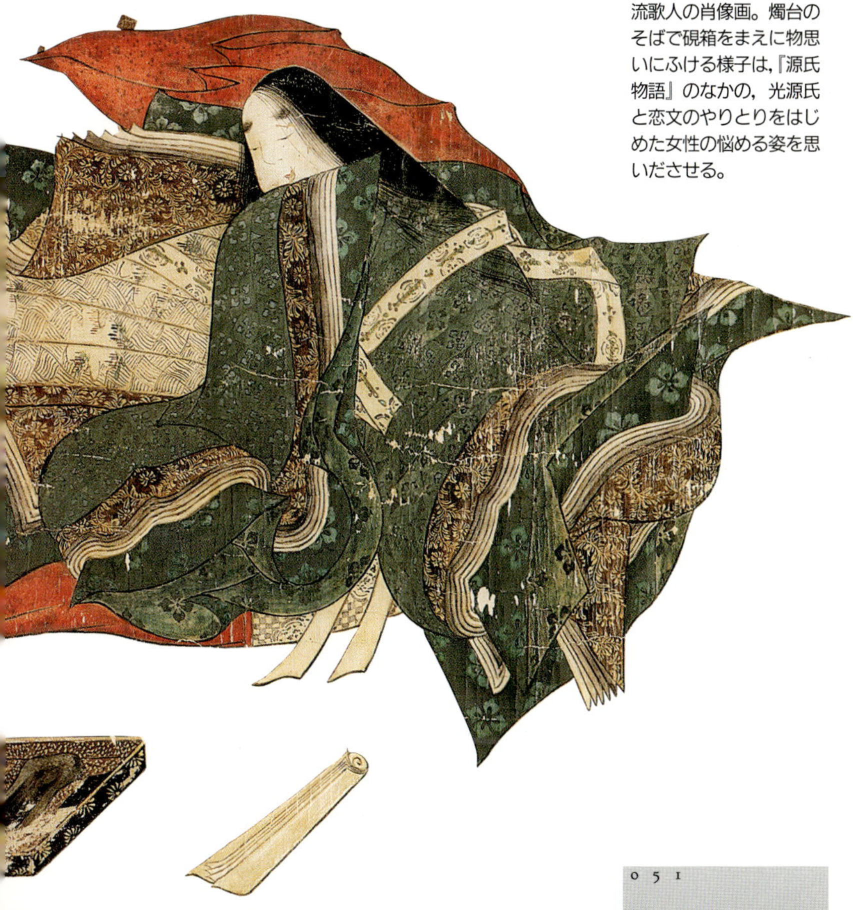

↙平安時代の女流歌人
──『源氏物語』をテーマとした絵画は，物語が書かれて1世紀くらいたってから描かれるようになった。このような物語絵は，女性によって描かれた情趣に満ちたものだったため女絵と呼ばれる。女絵は平安時代に生まれたが，桃山時代にも描かれた。

この絵は平安時代の女流歌人の肖像画。燭台のそばで硯箱をまえに物思いにふける様子は，『源氏物語』のなかの，光源氏と恋文のやりとりをはじめた女性の悩める姿を思いださせる。

源氏物語絵巻

『源氏物語』をテーマにした絵画のうち，現存する最古の作品が『源氏物語絵巻』である。これは全54巻の物語からいくつかの場面を選んで絵画にしたもので，もともとは約90の場面があり10巻ほどの巻物にまとめられていたようだ。

しかし現存するのは物語13巻のうちの19場面だけである。一方，物語のほうは，数々の写本のおかげで完全な形が伝えられている。

この絵巻は，物語のなかにあふれる豊かな詩情や登場人物の心の動きを，あざやかに描き出した傑作である。左の絵では，斜めに引かれた床の平行線と着物の幾何学模様が，画面に動きをあたえている。(貴公子たちの烏帽子〔えぼし〕が，譜面に書かれた音符のように見えるのも楽しい。)

この絵には吹抜屋台と呼ばれる手法が用いられており，室内の様子が，屋根や天井をとりのぞいて斜め上から見下ろしたように描かれている。

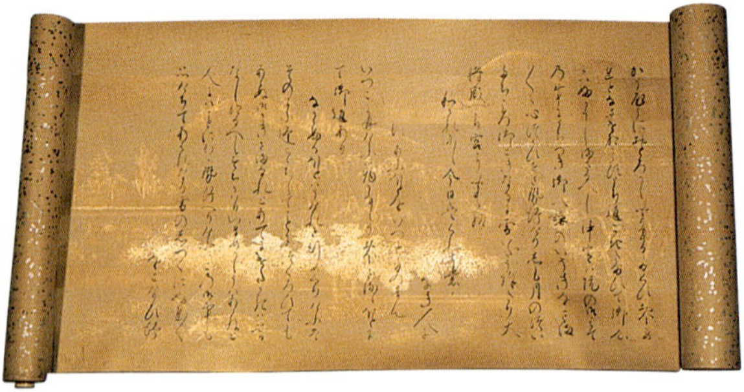

⇦絵巻物――絵巻物は両手で持って見るようにつくられており，手で開く幅に合わせてその場面の詞書が書かれている。
　宮中ではこのような詞書が音読され，大勢の人々が集まって絵を鑑賞した。

享楽的な宮廷

平安時代初期には，貴族たちが覇権をめぐって終わりのない争いをくりひろげていた。しかしやがて藤原氏が，完全に実権を握るようになる。彼らは天皇と姻戚関係を結び，娘が生んだ皇子が天皇の位につくと摂政や関白となって勢力をふるった。こうして天皇の権力をもしのぐ藤原氏全盛の時代，すなわち摂関時代が訪れたが，同時にこの時期は華やかな国風文化が栄えた時代でもあった。

宮廷には，大勢の芸術家が集まってきた。彼らは貴族たちの好みにあう作品，たとえば金糸や銀糸を織りまぜた高価な絹織物，上質の木や金に美しく螺鈿《らでん》をはめこんだ箱や書棚などを制作した。美しく装飾された琵琶や琴などの楽器，文箱，青銅製の鏡，金屏風などが当時の風俗を描いた絵画のなかに見られることから，これらの品々は日用品として利用されていたものと考えられる。

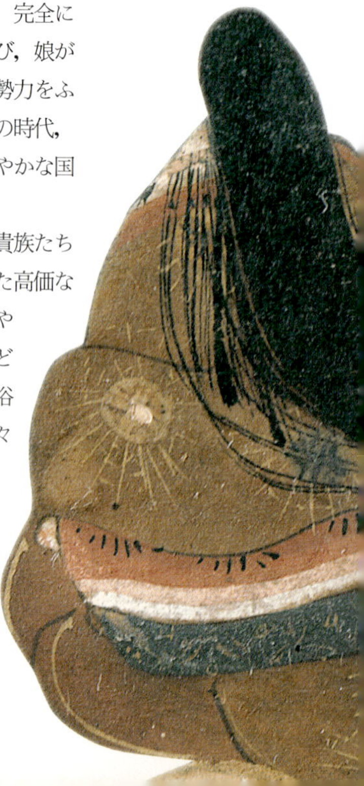

絵巻物の芸術

最初の絵巻物は，おそらく12世紀に描かれた『源氏物語絵巻』だったようだ。詞書《ことばがき》と絵とが見事に調和したこうした絵巻物は，新しい芸術様式として発展し，宗教画や世俗画といったジャンルを超えて，のちの日本絵画に大きな影響をあたえることになった。

そして時代が進むにつれ，絵巻物には少しずつ新しいテーマが描かれるようになった。たとえば洪水や火事といった自然災害，幽霊や悪霊などが登場する幻想的な出来事，自然や建築物などを背景に貴族や民衆を描いた風景画などである。

このように絵巻物に，宮廷生活だけでなく民衆の日常が描かれるようになると，現実の景色や事物などが細かく表現されるようになった。そのため，数多くの建築や庭園や彫刻の年代が，絵巻物から推定できるのである。絵巻物はその独特な表現形態と鑑賞方法によって独自の道を歩んだが，色づかいの決まりごとなどは，その時代にお

⇩書棚――書棚や書物，文箱などは，この時代の画家たちに好まれたテーマで，まるで本物のように細部まで描きこまれていた。

⇦宮中の女房――平安時代の女性のうしろ姿からは，神秘性と官能美が感じられる。華麗な十二単のうえに波打つ長い黒髪は，美しさと同時に，想像力を刺激する魅力に満ちあふれている。

『源氏物語』のなかで光源氏が追い求めているのも，まさにこのような女性の謎めいた姿なのである。

ける絵画全体の流れに添うものだった。また，通常でも9メートルの長さがある絵巻物をつくるには，多くの紙を張りあわせなければならず，そのため高い技術が必要とされた。

平安時代後期の数多い傑作のなかでも，鳥羽僧正覚猷《かくゆう》の作とされる『鳥獣戯画』は，とくに有名な作品だ。ここでは，擬人化された多くの動物が見事なタッチで描きだされており，のちに多くの画家たちの手本となった。

⇩鳥獣人物戯画——12世紀に描かれたこの絵巻の作者は，鳥羽僧正だとされている。ここでは数多くの動物が擬人化されており，すぐれたデッサンだけでなく，上質のユーモアも感じられる。

動物と人間の境界線が曖昧なのは，神道の信仰が根づいている日本ではとくに不思議なことではない。

平安時代の庭園

『源氏物語』をテーマにした左の絵では，光源氏が縁側の欄干にもたれて庭園を眺めている。このような庭園は，各地の名所を参考に描かれた。

右下の池にはさまざまな形をした石が立てられているが，『作庭記』によれば，こうした石には「カミ」が宿っているのだという。そのため庭園に置かれた石は，邸宅や寺院を守る役割をもっていると考えられるようになった。

庭園の石の形や置き方には厳しい決まりごとがあるが，同じく植物の種類や色についての規則も細かく定められている。

⇧⇩平安時代の庭園に咲いていた花

貴族の邸宅と庭園

平安時代の貴族は，自分たちの邸宅に極楽浄土の世界を表現しようとした。そしてそのために景色のよい土地を選び，見事な建物を建て，美しい彫刻や絵画で室内を飾った。自然の風景を再現した庭園がつくられるようになったのも，この頃のことだ。こんにちその跡はまったく残されていないが，『源氏物語』の記述や『源氏物語絵巻』の描写から，当時の庭園の様子を知ることができる。

庭園の中心となるのは舟遊びのための池で，そのなかに島や岩を配して滝を落とし，自然に限りなく近い風景が眺められるようになっていた。このような庭園は，おもに各地の名所が描かれた絵画を参考にしてつくられたようだ。

さらに平安時代の庭園には，季節に応じて，なでしこ，牡丹，菊，釣鐘草，萩などさまざまな花が植えられたが，その配色には細心の注意が払われた。また枝を整えた松をはじめとして，楓や榊，春に花を咲かせる杏

などの木も好まれた。

仏教の影響を強く受けた芸術

これらの庭園は，建物のまわりに張りめぐらされた縁側から見て楽しむことができるようにつくられていた。縁側から外を眺めると，水に映る木々や木もれ日，太陽の動きによって変化する光や影といったように，空間的・時間的広がりをもつ極楽浄土のような美しい風景が広がっていた。このように当時の庭園は仏教の影響を強く受けていたが，同時に神道の影響も反映されていた。つまり，樹木，岩，水など，庭園に欠かせない要素はすべて，目に見えない「カミ」が宿るものとして大切にされていたのである。

庭園は，日本的な美学だけではなく，一定の規範に従ってつくらなければならなかった。庭園の象徴的な意味を示すために，造園に関する技術やしきたりをまとめた方法論が多数著されたが，それらのなかでもっとも古いものは11世紀に書かれたとされる『作庭記』である。この造園秘伝書には，当時の造園に対する技法や理念がくわしく述べられており，この後の日本庭園の発展に大きな影響をあたえた。

桃山文化

こうした平安時代の美術は，その後，16世紀に栄えた短く

⇩修学院離宮――京都にある修学院離宮は，後水尾天皇（1596〜1680年）の別荘として建てられたもの。離宮をとりまく庭園には，自然の地形を生かした見事な景観が広がっている。

〔左頁上〕三宝院（京都）の表書院――16世紀の寺院や邸宅は，自然の素材を使い，簡素だが厳格な様式で建てるという決まりがあった。

⇧栗林公園（旧大名庭園）――書院造りと呼ばれる武家の邸宅では，建物の内部がいくつもの部屋にわかれていた。部屋の外側には屋根のついた縁側がめぐらされていて，この縁側によって建物は庭園とつながっていた。

　建物の内部と外部とを隔てるものは，可動式の壁である障子や襖だった。それらを開けることによって外の光をとりいれたり，季節に応じた景色を眺めたりするなど，自然と調和した生活を送ることができた。

も華麗な桃山文化において形を変えてよみがえっている。桃山とは，豊臣秀吉が京都に建てた伏見城を，のちに江戸幕府が壊してその跡地に桃の木を植えたことからついた名で，秀吉時代の文化を桃山文化と呼んでいる。

　平安時代後期の11世紀から国内の政情はしだいに不安定になり，鎌倉時代・室町時代を通じて権力抗争や内戦がつづいた。しかし，16世紀に戦国大名の織田信長が室町幕府の第15代将軍足利義昭から権力を奪い，全国統一の足固めをした。そして信長のあとを継いだ豊臣秀吉が天下を統一し，秀吉の死後は徳川家康が実権を握って江戸幕府を開く。

　あいついで日本の最高権力者となったこれら3人の武将たちは，自らの権力を誇示するかのように壮大な城郭や邸宅をつくった。それらの建物には平安時代ふうの豪華な装飾が施されたが，このいわば「ルネッサンス」によって，彼らは自分たちの権力の正当性を主張したのである。

桂離宮

京都を流れる桂川の西岸にある桂離宮は，17世紀につくられた建築物だが，その上品で調和のとれた美しさから，日本建築の最高傑作のひとつとされている。

後陽成天皇の弟にあたる八条宮智仁《としひと》親王（1579〜1629年）は，平安貴族の華やかな生活にあこがれる風流人だった。彼は自分の領地に『源氏物語』になぞらえた別荘を建築することを思いつき，庭園に囲まれた茶屋をつくって宮廷の教養人や歌人を集めた。これは「瓜畑のかろき茶屋」と呼ばれるほど簡素な建物だったが，宮家をついだ智忠《としただ》親王によって本格的な書院が増築され，しだいに庭園も整備されて現在の離宮の形となった。

伝説によると，桂離宮は江戸初期の茶人であり建築・造園家でもある小堀遠州《えんしゅう》（1579〜1647）の手によるものだとされている。彼は当代随一の名匠で，建物は自然と完全に調和する必要があるという考えの持ち主だった。桂離宮の庭園には，『作庭記』に書かれた原則どおりに大小3つの島が浮かぶ大きな池があり，まわりには歌の会や茶の湯のための茶屋がところどころに建てられていた。これらの茶屋の内部には，それぞれ違った趣向の装飾が施されており，茶屋から見る景色もそれぞれ特徴をもつように工夫されていた。

貴族の邸宅の庭園と寺院の庭園，そして俗世間から離れた歌人の住まいの要素が，桂離宮にはすべてとりいれられている。こうして桂離宮はそれまでの美学を集大成したひとつの美的基

桂離宮

宮家の別荘であった桂離宮は，代表的な日本建築として知られている。飾り気のない建物にアクセントをつけているのは，障子の白と木枠の茶色のとりあわせである（右頁下）。建物の1階は柱で支えられており，全体がとても軽やかに見える。

庭園に面する書院群は斜めにずらして建てられており，外観や，室内から見える景色にも工夫が凝らされている（左頁下）。古書院には幅の広い縁側があり，その先に「月見台」が設けられている。

室内の明るさは障子の開けしめによって調節する。全開すれば庭園を眺めることができ，閉めれば日光をさえぎることができる。

『作庭記』の原則どおりにつくられた池には，象徴的な意味をもつさまざまな石が，厳格な決まりにしたがって置かれている。また，池のところどころにかけられている橋は，そこから風景を見るための役割をもつと同時に，池全体の景色が単調にならないための装飾でもある（上図）。

準をつくりあげ，それは何世紀にもわたって日本の建築における模範となりつづけた。

室内装飾と絵画

桃山文化の絢爛豪華な美術は，邸宅の内部を飾る襖絵，金屛風などの装飾品や，数々の高価な道具のなかに表現されている。『源氏物語絵巻』の再現のような王朝文化の贅沢さを表現したのは，書家であり陶芸家でもあった本阿弥光悦（1558〜1637年）と画家の俵屋宗達である。光悦は一族や工匠たちを引きつれて，いわゆる「光悦村」という芸術村をつくり，宗達と協力して琳派という絵画の一流派を形成した。また彼らは公卿で能書家の烏丸光広

⇩花を描いた狩野派の屛風画――室内の装飾であり，部屋の仕切りにもなる屛風には，自然の風景が好んで描かれた。

や，茶人で造園家でもある小堀遠州とも親交を結んだ。

一方，16世紀には，土佐光信(生没年未詳）や土佐光吉（1539〜1613年）を中心とする土佐派の絵画も台頭した。彼らは調和を重んじながらも，金銀をふんだんにもちいた華やかな作品を生みだした。宮廷の絵所を拠点として19世紀まで続いた土佐派は，日本の伝統的な絵画である大和絵を継承するために，『源氏物語絵巻』『伊勢物語絵巻』『西行物語絵巻』などの絵巻物を参考にして日本人の精神を表現しようとつとめた。

さらに同じ頃，狩野元信が，のちに日本絵画史上最大の画派となる狩野派の基礎を築いている。彼は中国で流行していた水墨画から出発したが，やがて当時の権力者たちが求める絵画，すなわち金地に花や木，鳥などを派手な色づかいで描いた絵画を制作し，それはこんにちでも日本美術史の記念碑的な作品とみなされている。

17世紀に活躍した近世装飾画の第一人者，尾形光琳は，絵画の基礎をこの狩野派に学んだ。彼は襖絵や屏風画のみならず，扇や蒔絵《まきえ》箱，櫛，印籠にいたるまでさまざまな作品を手がけたが，どれもみな金や鉛，螺鈿《らでん》を散りばめた大胆かつ簡潔な作品だった。また狩野元信の孫である狩野永徳も，祖父と同じく水墨画に才能を示したが，時代の求めに応じて，金やさまざまな色を使った華やかな絵画を残している。

桃山時代の美術品

桃山時代には，新しい技術によって華麗な装飾を施した美術品が，数多くつくられた。たとえば卵の殻を粉末にして顔料にまぜることで，鮮やかな色とともに立体感を出す工夫が生みだされた。また光沢のある黒を出したり，作品のなかに描かれた道具に本物らしさをあたえるために，漆も使われるようになった（⇨64・65頁は，漆を使って書棚を描いた屏風)。

左は尾形光琳による屏風画で，とくに有名な作品である。

⇩本阿弥光悦による,『源氏物語』を題材とした書

⇦能舞台——能舞台には，正面奥に描かれた老松以外に装飾はない。そのため観客はかえって，自分自身のイマジネーションを働かせることができるのである。

上流階級の演劇として発達した能

日本の伝統芸能のひとつである能は，15世紀に能役者の世阿弥（1363～1443年）が登場して以来，上流階級のための演劇として，宮廷や寺社などで上演されるようになった。せりふと歌が一体となった謡《うたい》と舞《まい》，音楽である囃子《はやし》からなる能は，非常にゆっくりとした動きで，厳かな儀式のように展開する。能は神事のための芸能として出発した伎楽《ぎがく》や舞楽，猿楽，田楽などを起源にもつとされている。これらはみな音楽と朗詠《ろうえい》を伴う仮面劇で，役者は悪魔や神話上の動物，幻想的な謎の人物などをかたどった面をつけていた。

一方，能では主役のシテだけが面をかぶり，相手役であるワキはかぶらない。面には女，若い皇子，酔った男，鬼婆，悪霊など，非常に多くの種類がある。能の主題は，人間界と夢幻の世界の境で起きる出来事である。幻想的な物語がくりひろげられる能舞台は約6メートル四方の檜の白木造りで非常に簡素なものだが，「鏡板《かがみいた》」と呼ばれる正面奥の壁には装飾として老松が描かれている。

舞台の向かって右側の板敷きは，地謡《じうたい》の人々が並んで座る場所である。また向かって左手に斜めにつけられた8〜12メートルの通路は橋掛りといい，登場や退場のためだけでなく，舞台としても利用される。声や楽器などの音，役者たちの緩急をつけた身のこなし，光の加減によって生きているかのように表情を変える面などが，全体として非現実的な空間を生みだしていく。能は，「幽玄」という観念的な美の境地をめざす芸術性の高い演劇形態である。

15世紀に世阿弥が基礎をつくってから，能は宮廷や武家から保護され，急速に発展した。そして18世紀には細かい決まりが定められ，非常に儀式化されたものとなった。そして，時間と空間を超越した能の美意識は，こんにちまで日本社会のなかに脈々と生きつづけている。

⇧能面――貴族や武士たちに好まれた能は，その前身である数々の神事芸能と同じく，面をつけた役者によって演じられた。

能面には鬼神，怨霊，女，男，老人など，さまざまな種類があり，役者の演技と，光の当たり具合がうまくからみあって，微妙な表情が出るようにつくられている。

また能には，すべての役を男性が演じるという決まりがある。

⇦能の演者

❖古代日本において，権力の地から遠く離れた地方の社会情勢は，たえず不安定なものだった。そのため地方の豪族たちは，自らの軍事力によって領地を守ろうと考えた。こうして生まれた武士たちは，やがてひとつの階級を形成し，ついには政治の表舞台に登場する。彼らは武士道と呼ばれる独自の倫理観をつくりあげ，その後，長く日本の権力の座にすわりつづけることになる ……………………………………………………………………

第 4 章

武士の出現（鎌倉時代～安土桃山時代）

〔左頁〕大阪夏の陣の戦い

⇨戦場での指揮用の扇――武将たちが使ったこのような扇には，家紋がしるされていることが多かった。兵たちは，この家紋のもとに団結して主人のために戦った。

武士の登場

10世紀に入ると，朝廷の力はしだいに地方までおよばなくなり，飢饉などによる社会不安が確実に広がっていった。そして治安が悪くなっていくにつれ，地方の裕福な領主たちは，武芸に秀でた者を集めて自らの領地を守らせるようになった。このような，武力によって主人に仕える者を武士という。彼らはやがて武士団と呼ばれる集団を形成し，社会的に無視できない勢力に成長する。一方，地方で荘園（私有地）を経営する貴族たちも各地で大きな権力を持ちはじめ，中央しか支配できなくなった天皇に代わって地方の実権を握りはじめた。そして彼らは，新しく台頭してきた武士階級を味方につけ，覇権争いに挑もうとしたのである。

武士のいでたち

11世紀になると，武士は戦いのときに，大鎧と星兜を身につけるようになった。

大鎧は革や鉄の小片をつなぎあわせた大型の鎧で，星兜は頭をおおう部分の鉄片を継ぎあわせるのに，「星」と呼ばれる大きな鋲を使用した兜である。

右頁は，指揮をとるための「采配」を手にした武将を描いたもの。

上は，黒沢明監督の『影武者』の一場面。

こうして武士の社会的地位はまたたくまに向上し，貴族に代わって実権を握った平氏に続き，12世紀末には源氏が最初の武家政権である鎌倉幕府を開くまでになった。やがて武士は，支配者階級としてもっとも高い身分とみなされるようになり，江戸時代には士農工商という身分制度がはっきりと定められることになる。武士は社会的には主君である大名に絶対の忠誠を誓い，個人的には武士道と呼ばれる一種の倫理規範に従って行動する存在だった。

武士道とは，武士の戦場における

⇦忠臣蔵の場面——18世紀に，主君である浅野長矩の仇を討つため，47人の家臣たちが吉良邸に押し入り，目的を果たしたのちに切腹した。この「赤穂事件」は，武士道のありかたをよく示している。
「忠臣蔵」という名で知られるこの事件は，歌舞伎などのもっとも人気の高いテーマとなった。
この絵は，江戸時代後期の浮世絵師，歌川国芳による版画。

行為と日常生活の心構えを体系化したものである。それによれば，武士は主君に対して絶対の服従を誓わなければならず，また日常では清廉で質素な生活を送り，戦いでは死をも恐れず勇敢に戦うことを要求された。武士の人生は完全に主君に従属しており，主家の名誉のためになら即座に命を捨てる覚悟を持たなければならなかった。『忠臣蔵』で有名な江戸時代の「赤穂事件」は，そうした武士の自己犠牲を示した典型的な例といえる。

権力争い

平安時代末期の1156年に，宮廷の勢力争いに端を発する内乱が勃発した。これは皇位継承をめぐる皇室内部の対立と，事実上の権力を握ろうとする摂関家内の抗争に，源氏と平氏の武力が介入して起きたものだった。保元の乱と

呼ばれるこの内乱そのものは短期間で終結したが，その後，貴族たちの権力争いはますます激化し，そのあいだに武力をもった武士たちは中央に進出した。そしてついには貴族階級を制して武家政治の時代をつくりあげたのである。しかし，そののちも社会は安定せず，各地で武家どうしの対立がつづくことになる。

⇩甲冑師――鎧や兜，鞍，鐙（あぶみ），弓矢など，武士のための道具をつくる職人は，特別な身分とされていた。

そのなかでも，神聖なる武器である刀をつくる刀鍛冶は，とくに地位が高かった。彼らは神官のような白い装束を身につけて，清めの儀式を行なったあと，聖なる刃に焼きを入れた。

⇦甲冑を身につけた武士

ところで鎌倉時代の中期には，蒙古（元）軍が日本を侵略しようとする大事件が起こっている。元寇（蒙古襲来）と呼ばれる，1274年と1281年の２回にわたるこの来襲は，兵士たちの必死の抗戦もさることながら，いわゆる「神風」と呼ばれる大暴風雨に助けられて，結局日本軍の勝利に終わった。この元の大軍との戦闘は，日本の武士たちに従来の武具や戦術を見直すきっかけをあたえた。

甲冑の変遷

　甲冑は，武士の体を保護する武具であると同時に，その雄姿で敵を威圧する役割もはたしていた。

　平安時代以降，鎧は体を動きやすくするため，各パーツを細かくつなぎあわせるようになり，重さも軽くなっていった。

　弓矢から刀，そして鉄砲へと，時代によって使用される武器が変わると，それに合わせて甲冑の役割や外観も変化した。

　この頁の甲冑は，すべて16～17世紀につくられたもの。

美しく装飾された甲冑

甲冑はすばやく着用できるようにつくられていた。袖口や裾を絞った衣服を身につけ，その上に鎧を細紐で結びつけるという具合である。

鎧を構成するのは，革または鉄の細長い板（＝小札・こざね）である。この小札を絹糸や革ひもでつづり連ねることを威（おどし）というが，威に際して，絹糸に美しい色あいのものが使用されたり，小札に金めっきが施されることもあった。

首を守る喉輪や頭にかぶる兜は非常に重要な武具である。戦死した敵兵が見事な兜を身につけていた場合，首を切られて持ち去られた。また兜には，各家の紋章が刻まれている。

甲冑が非常な発展をとげたのは，甲冑師の一派である明珍の活躍があったからである。しかし19世紀以降，豪華な甲冑は実用品ではなくなり，装飾品や収集品として求められるようになった。ここにある甲冑は両方とも19世紀のもので，兜（中央上）は16世紀，鉄面（中央下）は18世紀のものである。

剣道と弓道

武士道によれば，武士がもつ武器である刀は，武士が自らの精神の気高さを証明するための道具だった。また彼らは，見事な刀を身につけることで自分の地位の高さを示そうとし，そのため有名な刀鍛冶がつくった刀や，美しく装飾された刀を手に入れようとつとめた。

刀は武士にとって神聖なものとされ，磨きぬかれた刀身は汚れのない武士の精神を象徴していた。大小と呼ばれる刀と脇差を帯びることは武士階級だけに許された特権だった。刀は細かい装飾が施された複数のパーツからできており，刀身を納める鞘《さや》は，天然木のままの簡素なものから，見事な金の紋がしるされた漆塗りのものまでさまざまだった。また手で握る部分の柄《つか》や，柄と刀身のあいだにある鍔《つば》，飾りである下げ緒なども職人たちの手によって美しくつくられた。

剣道と呼ばれる刀の武術の他に，弓を用いる弓道もさかんだった。13世紀には蒙古軍が利用していた弓を参考に，それを少し大きくした日本独自の弓がつくられている。この大きな弓を使って的を射るには，全身のバランスと高い集中力が必要だった。そのため弓道は，精神の鍛錬という役割もはたしていた。

⇩⇧刀と鍔（つば）——刀は，勇気と忠誠心という，武士の精神美の象徴だった。つまり，単なる武器ではなく，名誉をあらわす神聖なものとして大切にされた。

写真のような豪華な鞘には，かならずそれにふさわしい装飾の鍔がつけられていた。

弓道を行なうときの簡素ないでたちとは対照的に，戦場における武士の甲冑姿は華麗だった。長くつづいた動乱期のあいだに，甲冑はしだいに威厳を表わすための装飾に近い存在となっていたのである。また戦場で指揮をとる大名たちは，絹やラシャでつくられ，家紋の刺繍を施した，陣羽織と呼ばれる豪華な上着を甲冑のうえにつけていた。

⇧弓を射る武士——弓道のもっとも有名な儀式は，京都の三十三間堂で行なわれる「通し矢」である。これは三十三間堂の軒下で，端から端まで約120メートルの距離を射通す競技である。

矢を的にあてるために，射手は精神を集中し，心を安らかに保つ必要がある。そして精神の集中が極限に達し，自分と的がひとつになったときにはじめて，矢は的の中心に向かって放たれる。射手がねらっているのは，結局のところ射手自身の心なのである。

長篠の戦い

武家政治の時代になると，各地の有力な武士の一族が大勢の家臣や兵士たちを従えて，それぞれの土地を支配するようになった。しかし，各氏族が所有する領国の広さや家来の数には，かなりの差があった。このような氏族の長，すなわち大名たちは，たえず自分の勢力をのばそうとして周辺諸国と戦いをくりかえしていた。そのため16世紀末まで，いわゆる戦国時代がつづいたのである。

この動乱の時代を終結させたのは，戦国大名の織田信長だった。1575年に行なわれた長篠の戦いで，信長は徳川家康と連合軍を組み，甲斐（山梨）の領主武田勝頼の軍隊と対決した。武田軍は初めから劣勢だった。というのも，織田・徳川連合軍は鉄砲をもっていたからである。

そもそも日本に鉄砲が伝来したのは1543年にポルトガル船が種子島に漂着したときだが，その後，1549年にイエズス会の宣教師が布教のために日本にやってきたことで，広く普及するようになった。大名のなかには，宣教師たちの船に積まれていた鉄砲などの品々を手に入れるために，領国内での布教を認める者もいたが，信長もそのひとりだったのである。

信長は長篠の戦いではじめて鉄砲を使用し，その結果，武田軍は多数の兵を失った。この戦いは連合軍の圧倒的勝利で終わり，結局，武田家は1582年に

鉄砲の伝来

鉄砲の伝来によって，武士たちの戦闘や戦術は，大きく変化することになった。

16世紀なかば，イエズス会の宣教師と鉄砲を乗せて日本にやってきたポルトガル船（⇦）は，黒くて大きく，立派な艤装（ぎそう）が施されていた。それを見た日本人の心は，好奇心と恐怖のあいだで揺れうごいた。そしてこの「西洋から来た野蛮人」たちを観察して，それらを南蛮画と呼ばれる絵に描いたのである。

キリスト教はまたたくまに広まり，島津貴久（左頁下）をはじめとする多くの戦国大名も，この新しい宗教に興味を示した。キリスト教は江戸時代初めに禁止されたが，そのときまでに多くの信者が生まれていた。

滅亡する。

鉄砲という新兵器が使われた長篠の戦いは，武士たちの戦術や武器に関して大きな変革をもたらした。しかしそれよりもさらに重要なことは，おそらく戦場における武士の精神状態が変化したことだろう。こののちも武士道は日常生活の規範でありつづけるが，鉄砲の数が勝敗を左右するようになった戦場では，もはや武士道のもつ意味は観念的なものとならざるをえなかったからである。

この戦いに勝った信長は全国統一への基礎を固め，家康は

江戸幕府の誕生

1600年に行なわれた関ケ原の戦いで勝利をおさめた徳川家康は，征夷大将軍となって江戸幕府を開いた。敗者の豊臣軍は大阪城で再起をはかったが，1615年の「大阪夏の陣」（⇦）で家康軍によって滅ぼされる。

この戦いに勝ったことで，徳川家は揺るぎない権力を確立した。家康は大阪夏の陣の１年後にこの世を去ったが，その後も徳川家は，江戸幕府の将軍として日本を支配しつづけた。将軍の力はきわめて強大で，あらゆることを決定する権限をもっていた。一方，天皇は，京都で形だけの地位を保ちつづけた。

江戸幕府は対外政策として，まずキリスト教を禁止した。1637年には九州の島原半島で大勢のキリスト教徒の農民が一揆を起こしたが，結局皆殺しにされた。これが，いわゆる「島原の乱」である。

また，1631年から41年にかけて，朝鮮・中国・オランダを除くすべての外国船の来航を禁止する鎖国体制が形成された。1640年には，禁を破って来航したポルトガル船の乗組員61人が死刑となっている。

のちに征夷大将軍となって江戸幕府を開き，事実上日本の最高権力者となる。その一方で，天皇は，京都で形ばかりの地位を保ちつづけた。

白鷺城（姫路城）

ところで鉄砲が使われるようになると，その攻撃に耐えられるような堅固な軍事施設をつくる必要が出てくる。兵庫県にある有名な姫路城は，そのような必要から生まれた城である。これはもともと1581

⇩姫路城——姫路は，近畿地方から見ると，西への守りの要の位置にあった。そこで豊臣秀吉は，ここに要塞を築いたのである。

年に羽柴（豊臣）秀吉が築城したものだが，その20年後に大幅に拡張され，現存する日本最大の城郭として，いまもその美しい姿をとどめている。姫路城は城全体が白く軽やかで，天に向かって羽ばたくような姿をしていることから白鷺城とも呼ばれる。しかしその優美な外観や名称とは反対に，城を

とりまく深い堀や高い石垣は，この建物がきわめて堅固な要塞だったことを示している。

五重の天守閣からなる城の内部もまた，軍事施設らしく重厚な設備が施されていた。しかし，襖や壁には金やあざやかな色を使った豪華な絵が描かれ，まばゆいばかりの明るさを放っている。このような城郭建築にふさわしい絵画様式をつくりあげたのは，安土桃山時代の画家狩野永徳である。わずか24歳にして『花鳥図』を制作した彼は，若さと大胆さにあふれた絵を得意とした。たとえば，金箔を押しつけた地に木や岩，鳥などを描いた作品は，躍動感にあふれ，見る者を魅了する。桃山文化の最高峰である，力強さと美しさを兼ね備えた彼の作品は，まさに実力で天下をとった武将たちの城塞を飾るにふさわしい芸術だった。

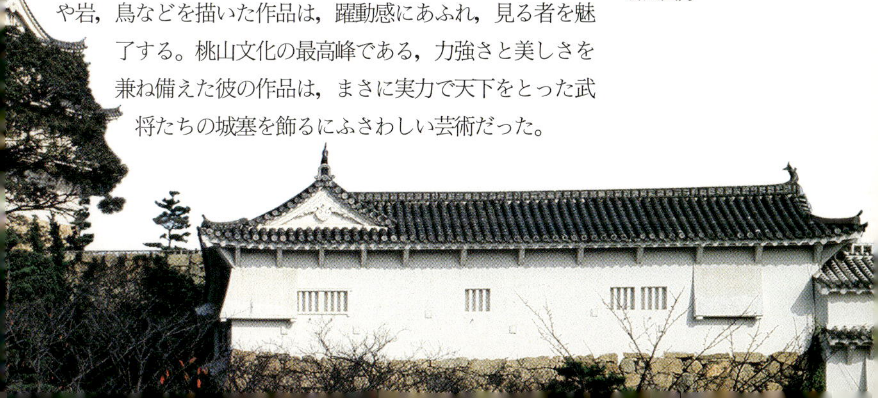

姫路城

姫路城の大増築は，９年の歳月をかけて行なわれた。その結果，この城はさまざまな防衛設備を備えた堅固な要塞となり，その後も攻められることはなかった。

姫路城の天守閣（左頁下）にのぼるには，切りたった道をたどりながら，数多くの門をくぐらなければならない。万一，敵が攻め入ることがあっても，それぞれの門で防衛できるようになっていたからである。道は，わざと入り組んで見通しが悪くつくられており，攻撃側には非常に不利な城だった。

また城内の廊下には，壁に鉄砲を撃つための銃眼や，石を落としたり矢を射るための窓がつくられていた（左頁上）。

しかし3000人もの武士が守りについていたというこの城の内部は，地位のある武将にふさわしい，華やかな装飾に満ちていた（右頁上は，姫路城の屏風画）。

❖禅宗は，他の仏教の宗派とは異なり，経典に絶対の権威を認めず，体験的・直観的に真理の把握を目ざす一派である。13世紀前半に中国から伝来した禅宗は，寺院の内部だけでなく，全国をめぐり歩く僧侶や歌人たちによって日本じゅうに広められた。そして茶道や書道，造園術など，日本独自の文化を数多く生みだすきっかけとなった ……………………

第5章

禅宗の影響（鎌倉時代～江戸時代）

禅宗をテーマとする作品は，その意味を象徴として読みとる必要がある。右の絵は江戸時代の浮世絵師，葛飾北斎によるもので，中国の禅僧である布袋（ほてい）が，自分よりも重いものを精神力だけで動かす様子を描いている。

左頁の絵は，安土桃山時代の画家，海北友松によるもので，水牛のうえにのって進む年老いた隠者を描いたもの。

禅宗の基礎

禅宗はインドの達磨（菩提達磨）によって6世紀に中国へ伝えられた。彼は武帝と問答したり，ひとり嵩山の小林寺に入って面壁し坐禅したといわれる。また逆説や矛盾，答えのでない問いなど，一見すると真理からほど遠い教えを説いてまわったが，それらは禅宗の考えによれば，悟りを開くために必要なテクニックであった。禅問答といわれるものだ。その教えは鎌倉時代に，曹洞宗（道元）と臨済宗（栄西）というふたつの宗派によって日本にもたらされた。

それまでの伝統的な仏教の宗派とは違って，禅宗では瞑想だけでなく，日常生活のささいな行為に集中することによっても，人間は悟りに到達することができるとされた。（つまり，手や頭を使うあらゆる仕事は，人間の精神状態を変容させ，悟りに向かわせる効果をもつのだという。）そのため禅僧は，進んで寺院の庭を掃くなどの単調な作業にも没頭した。

このような日々の作業に加え，彼らは『寒山拾得図』や『十牛図』などの芸術作品をつくり，言葉を越えた禅の教えを伝えようとした。それによって世界を一瞬のうちに認識できると考えたのである。

しかしその一方で，彼らの作品にはつねに未完成の部分が含まれていなければならなかった。自由に解釈できる余地が残された作品を，鑑賞者が自分なりに理解し，そこにこめられた意図をくみとることによって，はじめて悟りへの道が開かれるからである。禅宗の芸術作品においては，そのなかにこめられた「命」にのみ価値がある。そのため作品はたえず不完全でありつづけ，終わりがないものでなければならなかった。

⇩座禅――座禅の姿勢は，背筋をのばして座り，あごを固定して，頭で天を支えるような意識をもつ。これは心身ともに，まっすぐにのびた状態を示している。

座禅を組む者は目を半ば開いて，なにも求めず，ただその場所に座る。このとき，修行者にとって，世界も「私」も存在せず，外の世界も自分の内面も無限の広がりをもつことになる。

この外側と内側を流れるエネルギーの循環がうまくいくように，手は膝のうえで，特定の印を結ぶよう決められている。

この像は，鎌倉幕府第5代執権で，禅宗を深く信仰した北条時頼の木像。

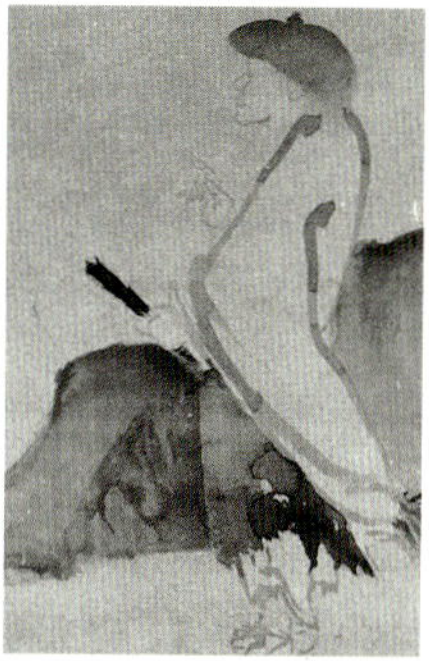

⇧拾得（じっとく）――上の絵は，中国の伝説的な禅僧で，無垢の化身と言われている拾得が，寺の参道をひたすら掃いている様子を描いたもの。

彼の姿は，禅宗において悟りの道を開く，ひとつの方法を象徴している。

17世紀に描かれた俵屋宗達のこの水墨画は，きわめて素朴な味わいをもっている。

⇦達磨――この絵のなかで，禅宗の始祖である達磨は，インドふうの赤い衣を身につけ，すべてを見通すような力強いまなざしをしている。

このような絵画は，信者たちを，精神的な堕落から抜けださせるために役だてられた。

⇦山水画——雪村が描いたこの山水画のなかでは，墨の濃淡が他の絵画におけるさまざまな色彩と同じ役割をはたしている。

墨の芸術

禅宗美術の担い手は，室町時代の雪村や相阿弥のように，たいていが僧侶だった。彼らのなかでもっとも有名なのは，15世紀に活躍した雪舟である。彼は中国絵画を学ぶために明に渡り，帰国後に工房を開いて，中国絵画と日本絵画を融合した独自の画法を完成させた。宋や元の水墨画から強い影響を受けた雪舟は，険しい山々や節くれだった木々などを題材にした山水画を得意とした。また17世紀には，風外《ふうがい》が，禅宗の始祖である達磨や，中国の高僧である布袋《ほてい》などを描いたすぐれた肖像画を残している。

このような水墨画は，非常に濃い黒からごく薄い灰色まで，さまざまなトーンの墨によって描かれ，装飾性は極端なまでに排除されている。そのため水墨画の世界では，現実を描きながら写実的ではなく，そこに描かれた事物も，形はあるが，たえず変化をつづける存在であることが感じられる。この画風で傑作を生みだすには，描き手の精神が完全に解放されている必要があるとされた。

一方，書道は，武士階級のあいだに広まった。彼らは書道の精神が，武士道にもとづく自分たちの生活規範（自己の鍛練や禁欲）に通じると考えた。彼らにとって，筆で文字を書くときの精神の集中は，修行のひとつだったのである。

⇧「竜」の文字——18世紀に書かれたこの文字は，83歳の書家が一筆で書いたもの。文字は途中で自分自身に巻きつき，最後はかすれて消えていく。

また，自由な筆の動きが生みだした２つの円は，竜の目を思わせる。

書とは，単に文字を美しく描く技術ではなく，書き手の精神性のあらわれであり，描かれた形が象徴性をもつ，総合芸術なのである。

⇦⇧さまざまな書――左は鎌倉時代の僧侶，日蓮（1222〜1282年）の名が記された書。経典が重ね書きされたもの。

上は禅寺に伝えられる書で，「一華五葉開　結果自然成（花が咲き葉が茂り実を結ぶ。すべては天然の摂理だ）」と書かれたものの後半部分。

雪舟（1420〜1506年）

室町時代の禅僧である雪舟は，水墨画を大成した人物として，日本美術史の巨人にかぞえられている。

彼は備中（岡山県）に生まれ，少年期に京都の相国寺に入った。1467年に明（中国）へ渡り，禅宗の修行とともに中国絵画を学んだ。そして中国の各地を訪れるなかで，切りたった山々や節くれだった松の木々など，大陸の自然をつぶさに観察した。

その後，帰国した雪舟は，中国絵画と日本絵画を融合し，独自の風景画を生みだすことに成功した。彼のきびきびとした線と正確な自然描写は，作品に奥行きと力強さをあたえている。中国絵画のさまざまな画法を日本ふうにアレンジしたその独自の画風は，のちに狩野元信（1476〜1559年）をはじめとする狩野派や，ほかの画家たちにも大きな影響をおよぼすこととなった。

これは雪舟による山水画。

⇧⇨茶の御点前（おてまえ）――茶をたてるために，主人はまず炉のうえに置かれた釜のなかから，ひしゃくで湯をくむ。主人の膝元には茶碗が置かれており，左には抹茶の入った容器（なつめ）が置かれている。

茶道

鎌倉時代初期，僧侶栄西（日本の臨済宗の開祖）が宋から茶の種をもたらしたことで，日本人によるお茶の栽培がはじまったとされている。日本文化の象徴ともいえる茶道については，明治期以降（岡倉天心が英語で書いた『茶の本』がとくに有名），広く海外にまで知れわたっているが，その始まりは15世紀末に室町幕府の第８代将軍足利義政が，京都の山荘につくらせた茶室だった。茶道の祖といわれる茶人村田珠光《じゅこう》

⇧茶碗――茶道で利用される茶碗は，関西にあるいくつもの窯元（かまもと）でつくられていた。茶碗の形や色はさまざまで，たとえば志野焼は白，楽焼は赤の釉（うわぐすり）がかけられている。

また抹茶の緑色が映える黒の茶碗は，非常にもてはやされた。いずれにせよ，茶碗は素朴で手になじむものでなければならない。

が，ここで将軍のために茶をたてたと伝えられている。

さらに16世紀に登場し，これを茶道として大成したのが千利休である。彼は戦国期の大名たちと親しく交わり，茶道を上流階級のたしなみとして広め，禅宗の精神に通じる「わび」「さび」の概念をつくりあげた。「わび」とは簡素さのなかにある静かな趣《おもむき》，「さび」とは古びて枯れた味わいのことをいう。

茶室は日本独自の建築様式で，４畳半の広さを基本としている。客はにじり口と呼ばれる狭い出入り口から茶室のなかに入る。内部は木や紙など自然の素材だけでつくられており，茶の緑色が映えるように色あいも非常にあっさりとしている。床の間の飾りつけも重要で，茶道の精神にふさわしい水墨画や書が掛けられ，できるだけ簡素な生け花が置かれる。茶道で使われる茶釜やひしゃくなどの道具類は，形はきわめて素朴だが，それが逆に高度に洗練された趣味を感じさせる。

さまざまな窯元《かまもと》でつくられた茶碗は，それぞれの地名をとって備前焼・瀬戸焼・志野焼・楽焼・織部焼などと呼ばれ，こんにちもなお高級品として求められている。

⇩茶会の主人

禅宗の庭園様式

茶屋は，小さな庭園のはずれに建てられることが多く，その庭園そのものも，茶道の精神に基づいてつくられていた。そこでは花はめったに咲かず，植えられた木々は，枝や葉の形までが，全体として調和を感じさせるよう配慮されていた。（これは茶道の精神をあらわす「和敬清寂《わけいせいじゃく》」という概念に通じている。）また，このような庭園には，大小の石や砂利道，竹，手水鉢《ちょうずばち》，竹のひしゃく，石灯籠などがつきものだった。

苔寺という名で知られる京都の西芳寺の庭園は，14世紀初頭に禅僧の夢窓疎石によってつくられた。中ノ島をもつ池を中心としたこの庭園は，極楽浄土を思わせる美しい眺めをもち，庭全体をおおう緑色の苔が瞑想にふさわしい安らぎを生みだしている。（夢窓疎石は京都の天竜寺の庭園も手がけている。）こうした禅寺の造園には，しばしば画家たちもたずさわっており，たとえば京都の東福寺の庭園は，15世紀末に雪舟が中国絵画からヒントを得てつくったとされる。

15世紀中頃につくられた銀閣寺（慈照寺）には，池のとなりに川の流れを模した白砂の庭園があり，熊手できれいにならされたその白砂のうえに，形や大きさの違う石がいくつも置かれている。また銀閣そのもののまえには2つの砂盛りがあって，夜，月の光を浴びると，これらが海と山を感じさせる幻想的な空間へと変化する。

1397年に将軍足利義満が建てた山荘をのちに寺院とした金閣寺（鹿苑寺）は，静かな池に映るその金色の姿が，見る者の目を奪うすばらしい建物である。金閣寺は桂離宮と

⇩金閣寺（鹿苑寺）――室町幕府第三代将軍の足利義満が住んでいた邸宅（北山殿）を，寺院に改修したものである。

その中心となる三層の金閣は，当時のまま残されていたが，1950年に放火されて焼失した。現在の金閣は，その後，再建されたものである。

聖域である金閣の屋根には，鳳凰がのせられている。細部まで計算された建築によって，この寺院は神秘的な美しさを誇っている。

ともに，日本建築と庭園の美しさが見事に調和した例として，広く海外にも知られている。

枯山水

池や流水を使わずに，石や白砂で山水を表現する枯山水は，僧侶が瞑想にふけるための庭園様式として発展した。熊手できれいに筋がつけられた白砂や不揃いの石は，それを見る者に強い象徴性を感じさせずにはいない。たとえば京都の大徳寺の枯山水では，石が瞑想する仏陀のように見え，同じく京都の大仙院では，見事に構成された庭園全体が複雑な宇宙の様子をあらわしているように見える。しかし，大仙院のなかでもっとも注目に値するのは，1513年頃に禅僧の相阿弥がつくったという枯山水の庭園である。ここでは，白砂がしかれた長方形の空間に，３つの砂山が「２つしか同時に見えないように」配置されている。この庭園は見るものに，激しい衝撃と聖なる感動を覚えさせる。

〔左頁上〕手水鉢（ちょうずばち）――寺の敷地に入るまえに，参詣者は竹から注がれる冷たい水で手を清めなければならない。長い柄のついた木のひしゃくで水をすくい，手を洗うのがしきたりとなっている。

⇧「苔寺」（西芳寺）の庭園――寺の敷地内には，いくつもの庭園がある。寺には性格の異なる建物が複数存在するが，その建物それぞれの様式にあわせた庭園がつくられるからである。

そのため，瞑想のための枯山水と，景観を楽しむための木々や池をもつ庭園といったように，ひとつの寺のなかで，まったく違ったおもむきの庭園を見ることができる。

枯山水

枯山水は池や川など，水を使うことなく，石や白砂で山水を表現する庭園様式である。庭一面に敷かれた白砂の空間をどのように解釈するかは，見る人の判断にゆだねられている。

人々はこのきわめて抽象的な枯山水をまえに瞑想し，自らの内面に思いをはせる。京都の竜安寺（左頁下），大徳寺（右頁），南禅寺，大仙院，竜源院などには，有名な枯山水の庭園がある。

僧侶は毎日白砂を熊手でかきならす（左頁上）。穏やかな大海を思わせる，規則正しく筋目がついた白砂の庭は，少しの乱れもあってはならないからである。

本文中にもあるように，枯山水の庭には，「同時に2つしか見えないようにつくられた3つの砂山」や，「同時にすべてが見えないように置かれた15の石」などが配置されている。これは，われわれが，世界のすべてを見ることができないことを認識するためだ。そして，目に見えないものは心で見なければならないのである。

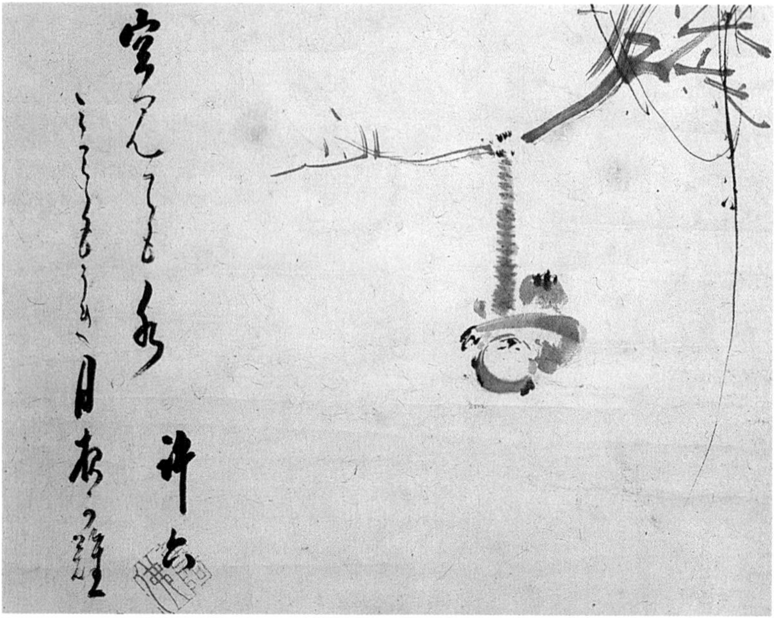

また，京都の竜安寺《りょうあんじ》の庭園も有名だ。ここではきちんと波状に筋がつけられた白砂のうえに，大きさの違う15個の石が「同時に全部が見えないように」並べられている。この庭園で自然のままに置かれた神聖な石は，神道の信仰に通じるものがある。神道の思想からすると，このような清らかな空間こそが，神々を迎えるためにふさわしい場所なのである。

竜安寺の枯山水は，庭園を囲む塀の向こう側に生命力にあふれた植物が密生しているため，なおさらその清らかで高い精神性が感じられる。枯山水の庭園は，水墨画や詩歌と同じく，禅宗が説く悟りにいたる道のひとつを示している。

禅宗と詩歌

日本ではもともと，詩歌は書道と深く結びついた芸術であり，高い精神性をもつ作者だけが，すぐれた作品をつくるこ

芭蕉と人麻呂

松尾芭蕉（1644〜1694年）は，俳諧を芸術の域にまで高めた。彼はこのわずか17文字の詩の形式のなかに，深い余韻や豊かなイメージを表現した。（上は芭蕉の書に，弟子が水墨画を描いたもの）。

江戸時代中期の禅僧である白隠（はくいん）は，江戸時代後期の禅僧，仙厓と並んで，禅宗の大改革を行なった人物である。白隠は水墨画と詩的な言葉によって，禅宗の真髄を伝えようとした。

また8世紀に活躍した柿本人麻呂（右頁）は，ウィットに富んだ趣味の良い歌人として，しばしば絵の題材になっている。

とができると考えられていた。

一方，禅宗には，その教えを象徴的に示すための公案と呼ばれる短い問答が存在した。公案は人々に悟りの境地や意味を考えさせる役割をもっているが，教えを凝縮したこの短い言葉の形式は，さまざまな詩歌の形式とよく似ている。とくに江戸時代の俳人松尾芭蕉や小林一茶などによって発展をとげた俳句は，禅宗における公案の精神や形式と深いつながりがある。そして日本の文学や絵画などは，すべてこうした詩歌の世界から広く着想を得ているのである。

江戸時代になると，いわゆる「浮き世」，つまり現実の享楽的な世界をテーマにした浮世絵という新しい絵画様式が誕生する。それにともない詩歌の世界でも，俳句という新しいジャンルが生まれた。これは，一瞬のうちに世界の本質をとらえる禅宗の禁欲的な倫理と，俗世の現実を表現する浮世絵の世界観の両方から影響を受けて誕生した詩歌の形式だった。どれだけ日常的で平凡な情景を描いていても，俳句を記すかすれた筆跡のなかには，他の禅宗文化と同じく，変化と永遠が同時に表現されているのである。

哥麿筆

❖17世紀末になると，将軍のお膝元である江戸では，社会でもっとも低い身分とされていた町人階級による華麗な文化が花開いた。封建制度の枠組みのなかで生きていた町人たちは，宮廷・武家・寺院といった上流階級とは違って，社会におけるいかなる決定にも関与できなかった。その彼らが，経済力によって新しい文化の担い手となり，浮世絵や歌舞伎といったすぐれた芸術を誕生させたのである……………………………………………

第6章

町人文化（江戸時代）

〔左頁〕台所の女性たちを描いた歌麿の版画

⇨宗悦の手による印籠――江戸時代後期の浮世絵師，喜多川歌麿（1754～1806年）や，江戸時代中期の工芸家，土田宗悦（1660～1745年）は，華やかな町人文化を担った代表的な芸術家たちである。

町人──新しい社会階級の台頭

安土桃山時代から江戸時代初期にかけて，日本はちょうど大航海時代にあったヨーロッパのキリスト教諸国と，さかんに交易を行なった。そのため商業が発達し，莫大な財産を築いた一部の商人たちは，大名たちに金を貸しつけるまでに成長した。彼らは財力によって，事実上，権力者たちと同等の力をもっていたが，封建制度のなかでは依然として，政治的・社会的な決定には一切参加することができない存在だった。そうした彼らの抑圧されたエネルギーが，芸術の分野へと向かい，世界的に見てもきわめて水準の高い「江戸の町人文化」を生みだしたのである。

⇦商店の店先──店の入り口には，装飾であり，同時に広告の役割もはたす暖簾がかけられていた。有名な商店は，それぞれ自分の店を示すための紋を持っており，それを暖簾に染めぬいていた。

大商人たちをパトロンとしてこの時代に生まれた芸術は，庶民である町人の日常生活や，音楽や踊りの才能に恵まれた美しい遊女などをテーマとしたものが多い。遊女たちが集まる遊郭は単なる享楽地ではなく，浮世絵師や戯作者，版元といった人々が出入りし，裕福な知識人たちが知性や趣味の良さを競う，洗練された社交場だったのである。

⇧祭りのにぎわい——江戸や大阪の町なかでは，武士や僧侶，行商人，町家の婦女，遊女やその従者たち，歌舞伎役者や彼らをとり囲むひいきの客など，種々雑多な人々が行き来していた。

17世紀初頭──日本文化の転換期

1603年に徳川家康が幕府を開くと，現在の東京にあたる江戸が政治と文化の中心地になり，新しい芸術が次々に誕生していった。その代表が，庶民のための絵画芸術である浮世絵である。

もちろん，狩野派や土佐派に属する伝統的な画家たちは，依然として大名の邸宅などを飾る豪華な作品を描きつづけていた。しかしその一方で，享楽的な都市の様子や祭りなど，新しい風俗画を専門とする，岩佐又兵衛などの画家も登場した。彼らが選んだテーマは日常的なもので，それまでの教養主義的な作品とは明らかに一線を画していた。

この文化的な大転換には，ポルトガル船の来航と，それにともなうヨーロッパ諸国との交易が大きな役割をはたしていた。長崎から，異国情緒あふれるめずらしい品々が続々と日本に上陸し，商人たちの手で広く流通しはじめていた。そ

蒔絵の工芸品

江戸時代には蒔絵を用いた見事な工芸品が数多くつくられている。たとえば，大名たちのための金の紋をしるした衣装箱（右頁下）や，裕福な町人たちのための手箱や印籠（右頁上）などである。

当時の工芸家は画家を兼ねていることが多く，さまざまな種類の芸術品，たとえば有名な舞妓や美女たちの着物の図案なども手がけていた。

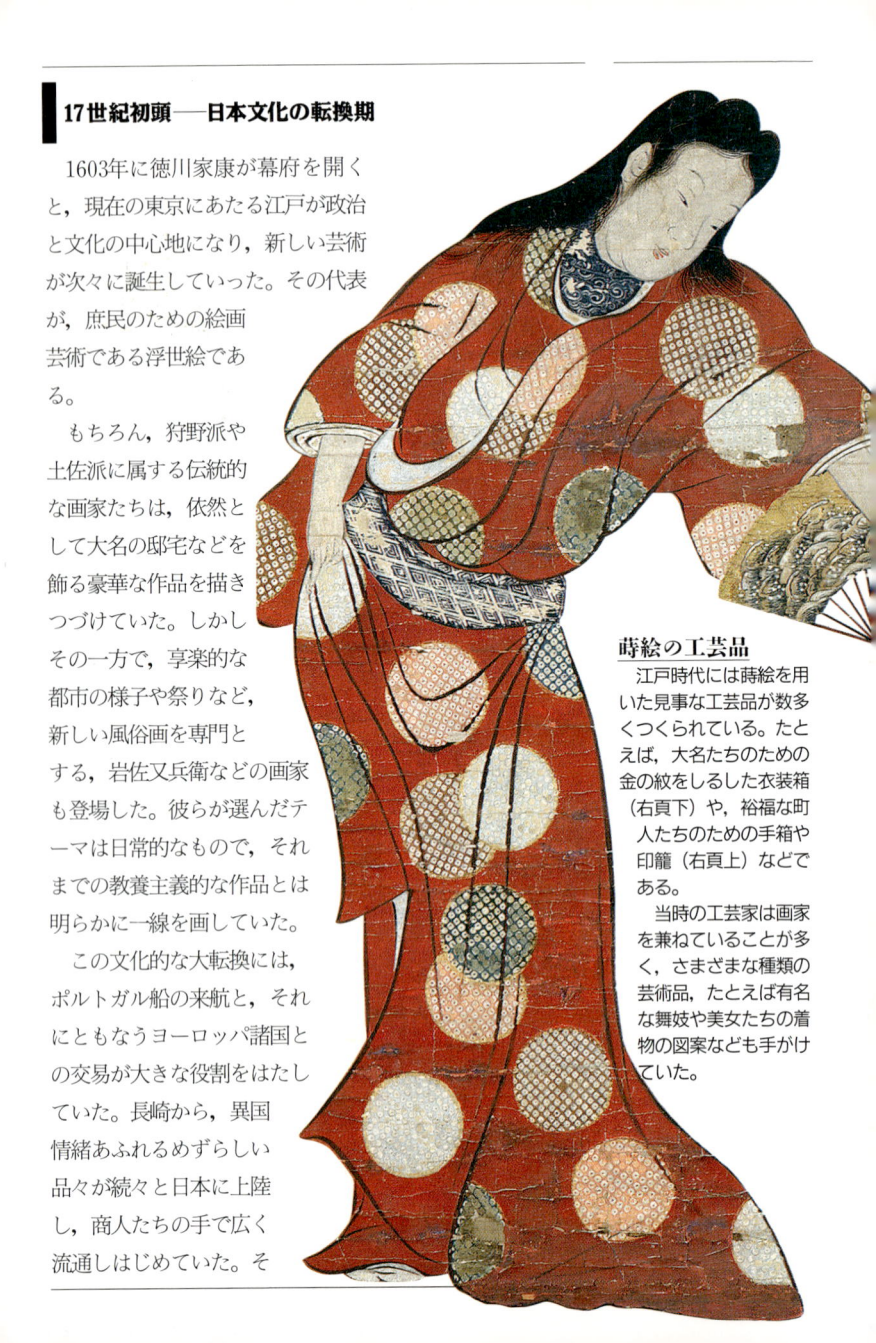

の影響で，国内でつくられる工芸品にも，新しい趣向がとりいれられるようになったのである。

近世装飾画の第一人者といわれる尾形光琳や，その弟である尾形乾山といったすぐれた芸術家たちは，異国ふうの見事な装飾を施した工芸品，たとえば腰に下げる印籠や煙草入れ，根付《ねつけ》，漆塗りの櫛，金や螺鈿《らでん》が象眼された蒔絵箱《まきえばこ》などを数多く制作した。日常生活で使われるこうした優美な品々は，風流を解する趣味人たちに注目され，あちこちでひっぱりだことなった。

〔左頁〕舞妓を描いた風俗画――浮世絵が誕生する前にもてはやされた「風俗画」は，すでに浮世絵のいくつかの特徴を備えていた。

左頁の絵は，江戸時代初期の画家，岩佐又兵衛（1578～1650年）による舞妓を描いた作品の部分。赤，黒，金といった華やかな色づかいの着物は，おそらく上流階級のものだろう。

風俗画に描かれた舞妓たちは，初期の女歌舞伎の芸人をモデルにしていた。そして彼女たちの優雅さを，のちにまた女形の役者たちが参考にしたのである。彼女たちのいわゆるS字型のしなやかな腰つきは，日本美術がヨーロッパに紹介された19世紀末に，パリで結成されたナビ派の画家たちに大きな影響をあたえた。たとえば，扇を手にしたモネ夫人の肖像画は，この又兵衛の作品から大きな影響をうけている。

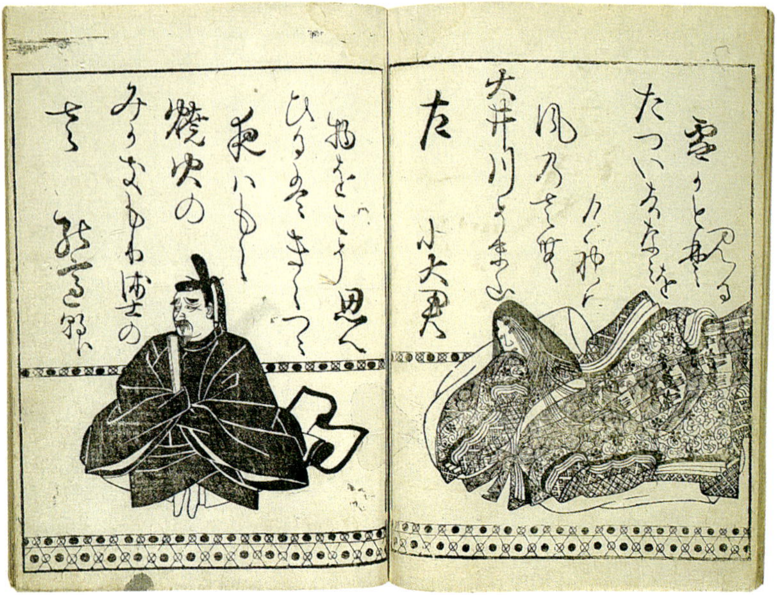

浮世絵

浮世絵の基本は木版画で，浮世絵入りの本の制作には，版下の絵を描く浮世絵師や，文章を書く戯作者，版木を彫る彫師など複数の人間が必要だった。もともと「浮き世」という言葉は，仮名草子作者である浅井了意《りょうい》が書いた『浮世物語』のなかにはじめて登場する。

仏典の注釈者でもあった彼は，目に見えるこの現実の世界が，実は儚く悲しみに満ちたものだという仏教的な考えを，この本のなかで示した。人間は限られた時間のなかで生きる小さな存在にすぎず，身近な物事に対してもっと深い愛情を注ぐべきである。そうした彼の考えが，自分自身を表現したいと願う芸術家たちにインスピレーションをあたえ，日常生活をテーマとする芸術が誕生したのである。

もともと挿絵入りの本の多くは，古くからある物語や，通

浮世絵の誕生

17世紀に入ると，木版画の技術が発達し，絵の表現も豊かになった。浮世絵の製作では，まず絵師が原画を描き，それを彫師が桜の版木のうえにのせ，髪の毛のような細かな線まで巧みに彫りあげた。

その後，摺師が，紙の位置を決めるしるし（見当）を使って，墨や色を塗った板を次々に紙をあわせて刷っていったのである。

上は，初期の挿絵入り本で，墨一色で刷られた『三十六歌仙』（1610年）。

俗的な読み物である「仮名草子」や「浮世草子」などに絵師が挿絵を描いたものだった。そのもっとも古い作品として知られているのは，古典文学を題材とした「嵯峨本」で，たとえば『三十六歌仙』は，すぐれた書家である本阿弥光悦のものと思われる書に歌人の肖像画がそえられている。

中国から伝来した木版画の技術は，古くから僧侶たちによって，仏教関係の経典や図像などを印刷するために使われていた。僧侶たちはそのほかにも初等教育用の書物を編纂し，江戸時代には寺子屋と呼ばれる庶民の教育機関を開設した。このことは，それまで貴族や武士の子弟にのみ教えられてきた日本の伝統文化が，庶民にまで広がるようになったことを意味している。そのためこのような教育を受けた町人出身の戯作者や浮世絵師たちは，仏教関係の書物のほかに，『源氏物語』をはじめとする物語文学や，有名な歌人たちの作品の知識ももっていたのである。

初期の浮世絵

左頁上の歌人の肖像画は土佐光茂，書は本阿弥光悦の手によるものとされている。この書物は木の活字が使われたため，絵と文字は別々に印刷された。

上は『曽我物語』を題材とした版画で，墨で刷ったもののうえに筆で黄や緑の色を塗ったもの。

左は祭を題材にした杉村治兵衛の版画で，青と黄色を，やはり筆で彩色したものである。

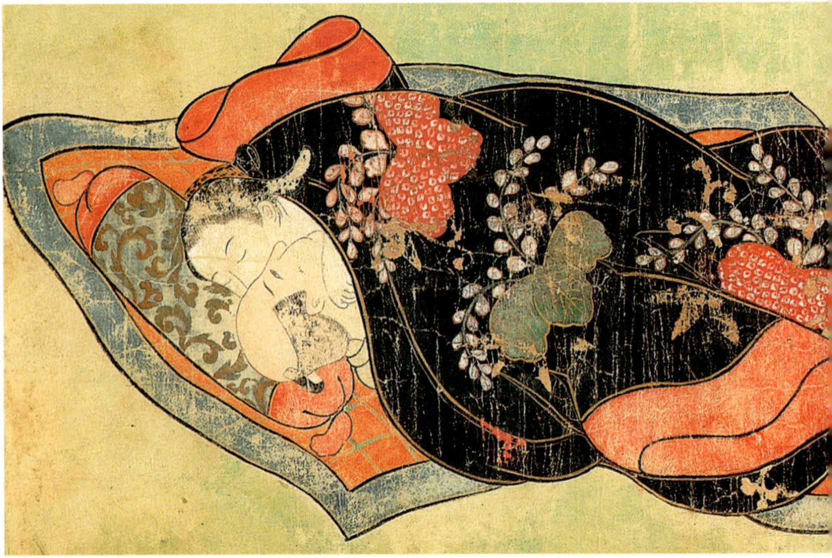

浮世絵の巨匠たち

初期の浮世絵は，墨一色ですられた墨摺絵と呼ばれる様式でつくられた。浮世絵の祖といわれる菱川師宣は，庶民の風俗を荒々しいタッチで描き，熱狂的な支持をうけた。彼は非常に多くの作品を残したが，そのなかには『源氏物語』など，有名な古典文学の版本の挿絵も多い。またこの頃，墨摺絵だけでなく，墨ですった版画のうえに筆で丹《たん》（黄色みを帯びた赤）や黄色などの色を塗った彩色絵（丹絵《たんえ》）も制作されるようになった。このような彩色絵は豪華絢爛な絵画や屛風画を見なれた人々の趣味に合い，人気を得たため，浮世絵師たちは多色ずり版画への意欲を燃やしはじめた。

とはいえ技術的な問題もあり，彼らの大部分はそれからも墨摺絵や筆彩版画の制作をつづけた。たとえば江戸時代中期の西川祐信《すけのぶ》は，美人画や春画を得意とした浮世絵師である。また菱川師宣と同時代に

⇩紅摺絵——下の版画は，奥村政信による初めての多色摺り版画。紅摺絵と呼ばれる，紅と緑の2色で刷られた作品。

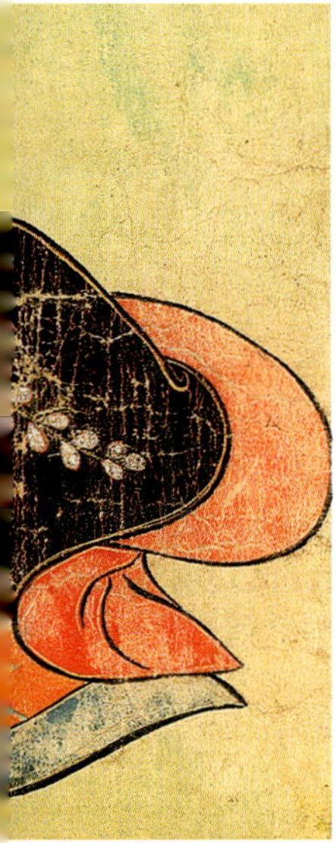

〔左頁上〕春画――浮世絵には，きわめてエロチックで，かつ性教育的な役割もはたしていた「春画」というジャンルが存在する。

　左頁上は，西川祐信の絵本『百人女郎品定（ひゃくにんじょろうしなさだめ）』の挿絵。美しく彩色されたこの版画からは，着物の下に横たわった男女という性的な描写にもかかわらず，非常に洗練された雰囲気が漂ってくる。

⇦錦絵――浮世絵は，1760年代に画期的な進歩をとげた。複数の版を刷るための目印である「見当」を本格的に利用した鈴木春信（1724～1770年）が，「錦絵」と呼ばれる華麗な多色摺り版画を実現したからである。

　春信はまた，太陽によってできる影を版画に表現した唯一の浮世絵師でもある。この絵では，傘をさした女性が，地面に映った自分の影を見つめている。このときまで日本の画家たちは，太陽の動きや光によってできる影を作品のなかで表現することはなかった。

活躍した杉村治兵衛は，遊女や役者を躍動感にあふれるタッチで描いた。一方，江戸時代中期の懐月堂安度《あんど》は版本にはまったく興味を示さず，肉筆による大きな絵柄の美人画を専門とした。さらに同じ時期には，鳥居清信《きよのぶ》と清倍《きよます》が鳥居派の基礎をつくりあげ，歌舞伎の看板絵や芝居絵，役者絵のジャンルで名を高めた。

　1745～1750年頃になると，それまでの筆彩版画に代わって，紅摺絵《べにずりえ》と呼ばれる色ずりの版画がさかんにつくられるようになった。この頃の有名な浮世絵師は石川豊信と奥村政信である。使われた色は，はじめは紅と緑の２色だけだったが，しだいに黄色や茶色なども加わり，版画の表現は豊かになっていった。しかしまだ色の数も少なく，本格的な多色ずり版画と呼ぶには遠かった。ところが，版をするときに紙の位置を決める「見当」というしるしが発明されたことによって，１枚の紙のうえに，次々と違った色の版を重ねることができるようになったのである。

　こうして江戸時代中期の浮世絵師，鈴木春信によって完成

⇦歌舞伎の舞台――17世紀末，江戸に幕府公認の歌舞伎劇場が建てられ，それ以降，庶民の歌舞伎熱は上昇の一途をたどった。
　劇場の建築や内部様式が確立したのは1660年頃である。桝席に座る観客の左側の長い通路は花道と呼ばれ，ここから役者が舞台に登場する。演じられたテーマは，伝説や武勇伝や幻想の世界など，さまざまだったが，いずれも舞台装置は華やかで，場面にあわせてすばやく舞台を転換する装置（回り舞台）がとりいれられた。
　主人公である立役（たちやく）や，その相手役の敵役（かたきやく）をはじめとする登場人物は，みなはっきりとした性格設定がなされている。
　歌舞伎作者では，『忠臣蔵』を主題とした作品を書いた近松門左衛門がとくに有名である。

された多色ずり版画は，その華麗な色彩世界から「錦絵」と呼ばれた。春信の生みだした美的世界はきわめて洗練されたものだったが，同時に庶民，とくに女性や子どもの生活など，伝統的な絵師たちが無視してきたテーマをとりあげ，芸術の域にまで高めた点が見逃せない。

歌舞伎の上演

　歌舞伎もまた，江戸時代初期に誕生した芸能である。踊りや人形劇など，それまでのさまざまな芸能を集大成し，庶民に人気のある武勇伝などを題材とした歌舞伎は，またたくまに広まっていった。そして役者や，近松門左衛門などの作家たちが，一躍世間の注目を浴びるようになったのである。歌舞伎の役者にははじめ女性もいたが，風紀の乱れを恐れた幕府が1629年に出した法令によって，すべての役が男性によって演じられるようになった。

　庶民から熱狂的な支持をうけた歌舞伎は，当然，浮世絵のテーマにもなった。役者はもちろんのこと，舞台そのものや観客，また楽屋の内部など，歌舞伎に関するテーマをあつかった浮世絵は大変な人気を得た。とくに江戸時代中期の勝川《かつかわ》春章《しゅんしょう》や，江戸時代後期の歌川豊国《とよくに》の作品は有名で，舞台だけでなく町なかを歩く歌舞伎役者たちの姿も残されている。

　これら役者絵を手がけた浮世絵師のなかで，もっとも有名なのは，おそらく東洲斎写楽《とうしゅうさいしゃらく》だろう。しかし彼の経歴には不明な点が多く，1794年に集中して作品を描いたのちの消息はわかっていない。まさしく彗星のようにあらわれて消えたこの謎の浮世絵師は，役者の顔を大きく描いた「大首絵」を得意とした。その作風は，役者の特徴を冷酷なほどリアルにとらえて，一切美化することはなかった。彼に対する研究はさかんに行なわれており，絵師になるまえは役者だったとか，最期は殺されたなど，多くの仮説がたてられている。

歌舞伎の女形

1629年に女性による「女歌舞伎」が禁止されると，女性の役は少年によって演じられるようになった。しかし1652年には少年による「若衆歌舞伎」も禁じられる。こうしてついにすべての役を大人の男性が演じることになり，女性に扮する役者を女形（おんながた）と呼ぶようになった。

女形は顔に厚い白塗りの化粧をし，目や眉や口をていねいに描いた（⇦）。それから女性の着物を身につけて，かつらをかぶった。

下は東洲斎写楽による版画（1794年頃）。写楽は，女形を美化せずありのままに描いた浮世絵師として有名である。

春潮画

鳥居清重筆

歌舞伎役者

歌舞伎役者はそれぞれ役柄がひとつに決まっており，それは各家で代々受け継がれた。各家には武家のように家紋が定められており，それによって役者を識別することができた。

当時から，もっとも有名な役者は（その名前は現在にいたるまで襲名されつづけている）市川団十郎だった。悪を成敗する役柄の彼が舞台に登場すると，観客はさかんに喝采を浴びせた（左の真ん中の絵が，二代目市川団十郎。鳥居清重の版画で，そでの紋は「三枡」とよばれる，入れ子の枡を図案化したもの）。

江戸の街では，有名な歌舞伎役者たちは文字どおり「スター」としてもてはやされ，彼らに対抗できるのは最高位の遊女である花魁（おいらん）だけだった。浮世絵師たちも競って役者絵を描き，できあがった版画はまたたくまに売れた。

右側は勝川春章による1781年頃の版画で，坂田金時を演じる五代目市川団十郎。左は1770年頃の勝川春潮による版画で，三つ巴の紋がしるされた衣装を身につけた瀬川菊之丞。

吉原界隈

歌舞伎と並んで浮世絵の重要なテーマとなったのは，江戸にあった幕府公認の遊郭，吉原である。当時の吉原は，歓楽街であると同時に，訪れる人々がその文化や教養を競う一大社交界だった。

一般市街から隔離された吉原には，容色と教養の両面でトップとされる花魁《おいらん》をはじめ，さまざまな階級の遊女が住んでいた。そして彼女たちを目当てに，歌舞伎役者，浮世絵師，戯作者，版元などが集まったため，吉原は芸術家のたまり場となった。版元のなかでとりわけ有名な人物は蔦《つた》屋《や》重三郎《じゅうざぶろう》で，彼は見事な浮世絵入りの版本を出版して江戸時代中期の文化をリードした。

しかし，このような芸術家たちが集まると，良い意味でも悪い意味でも激しい競争心が生まれ，その結果，新しい思想が次々と生まれていく。そのため，幕府はやがて浮世絵を危険視するようになり，版本を徹底的に検閲しはじめた。この禁令を無視して幕府の要人を風刺した作品を手がけた絵師や版元に対する制裁は，実に厳しいものだった。先にふれた蔦屋重三郎は結局，全財産を没収され，人気浮世絵師だった喜多川歌麿も，

遊郭と風刺画

江戸の吉原や京都の島原といった遊郭地には，つねに音楽が鳴り響き，笑い声やおしゃべりが絶えなかった。遊女屋に買われて教育を受けた遊女たちは，たがいに激しいライバル意識を燃やしていた。（左は1745年頃に描かれた京都の茶屋）。

浮世絵師のなかには一生の大半を吉原で過ごす者もいた。吉原には，反権力的で自由な精神があふれていたからである。風刺画は浮世絵師たちにとって自由を表現するための方法だった。また幕府も，将軍や要職にある人物が題材とされていなければ，風刺画を黙認していた。下の絵は，歌川国芳が歌舞伎役者を風刺的に描いた作品。

筆が握れないように50日間の手鎖刑に処せられている。

風景画を描いていた浮世絵師も，こうした検閲から逃れられなかった。どのようなジャンル手がけていても，作品が風刺性に富んでいればそれだけで，幕府から危険人物と見なされたからである。たとえば葛飾北斎は幕府の高官を侮辱したという理由で，同じく歌川広重は幕府よりも寺院を重んじたという理由で，また歌川国芳は将軍の愛妾を美化せずに描いたという理由でとがめられている。

ところでこのような浮世絵師たちは，版画だけでなく，基本的な絵画のテクニックもマスターしていた。狩野派や土佐派の画家のもとで修行をしたのち，浮世絵師となったケースも多かったからだ。たとえば，菱川師宣である。彼が描いた中村座（代表的な歌舞伎劇場のひとつ）の楽屋の屏風画には，土佐派の正統的な画法がはっきりとあらわれている。

⇩戯れる男女──この「春画」は1788頃，喜多川歌麿（1754～1806年）によって描かれた描かれたもので，浮世絵のなかでもとくに有名な作品である。（絵のなかの扇には，歌麿の名前が記されている。

この絵から発散されるエロティシズムは，設定よりもむしろ繊細な描写力から生まれている。歌麿は吉原に住み，そこで遊女たちを愛人や相談相手としながら暮らし，仕事もしていた。遊女たちもまた，作品のモデルになりたいと，次々に歌麿のもとに押し寄せたのである。

ヨーロッパの影響

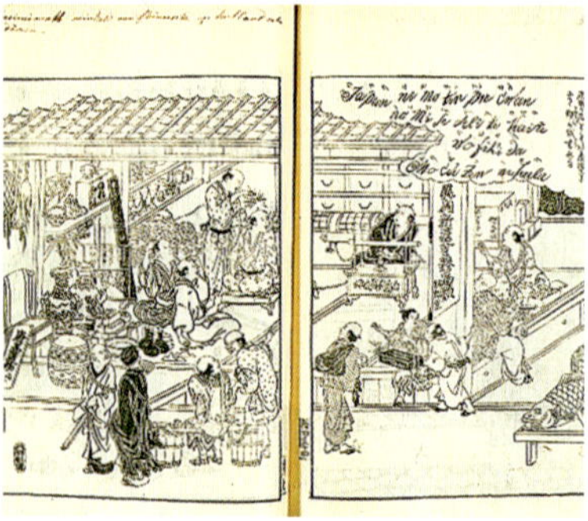

⇧長崎の街――長崎の出島にはオランダ人のための居留地が設けられていた。日本人は「南蛮人」の言葉や文字を学ぶためには，長崎まで行かねばならなかった。
上は2カ国語で書かれた本の挿絵。

18世紀になると，江戸の芸術家や教養人のなかから長崎を訪れる者が出はじめた。長崎には，幕府によってオランダ人の居留地と定められた出島があった。当時日本は鎖国をしていたが，ヨーロッパ諸国のうちオランダとだけは交流をもっていたのである。オランダ人の住む出島は，いわばヨーロッパ文化を日本に伝える「窓」の役割をはたしていた。

この「窓」を通じて，たとえばコペルニクスの地動説や，外科学，写真術などが日本に伝えられた。また，ヨーロッパ絵画で用いられていた遠近法は，日本の画家たちに大きな衝撃をあたえ，それまでの風景画の概念を一変させることになった。

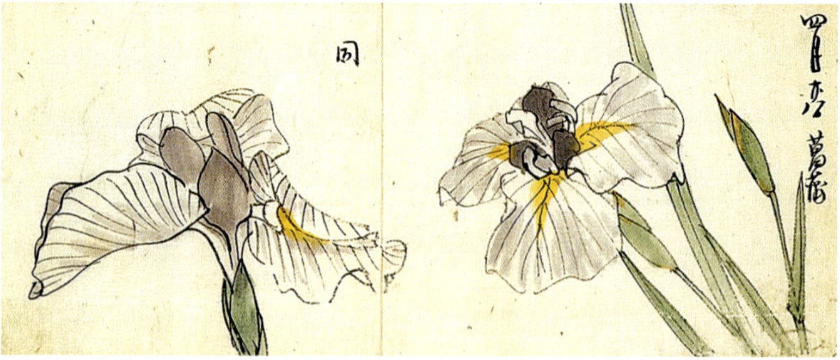

⇧菖蒲（しょうぶ）の絵――日本人とオランダ人は，繁殖用の球根や枝を交換したり，気候の違いによる生育状態を熱心に研究した。
また日本の庭園でよく見られた菖蒲は，大勢の芸術家が題材としてとりあげている（上は19世紀の画家の作品）

さらに日本はオランダを通じて，植物学や解剖学などを学んだ。その他，さまざまな新知識が書物によって続々と輸入され，日本の文化や美術に変革をもたらしていった。18世紀になると，色紙判の高級な紙に文章と絵が刷られた，摺物とよばれる一枚刷りの版画が客の注文に応じてつくられるようになる。こうした作品のジャンルとしては静物画がとくに好

まれた。この時代に活躍した有名な浮世絵師には，窪俊満《しゅんまん》，細田栄之《えいし》，八島岳亭，葛飾北斎などがいるが，いずれも洗練された作品を残している。

ヨーロッパ文化の影響

ヴェネツィアやローマの遺跡を描いたイタリア絵画の複製が，オランダを通じて日本に伝えられた。左の絵は，歌川豊春（1735〜1814年）がそうした版画から影響を受けて描いたもの。西洋画の遠近法や空間の概念が，日本画に初めて導入された例のひとつである。

またヨーロッパから輸入されたガラスや磁器などのめずらしい品々（⇩）も，浮世絵の題材となった。

浅倉庵三笑
北尾紅翠斎
七十九画

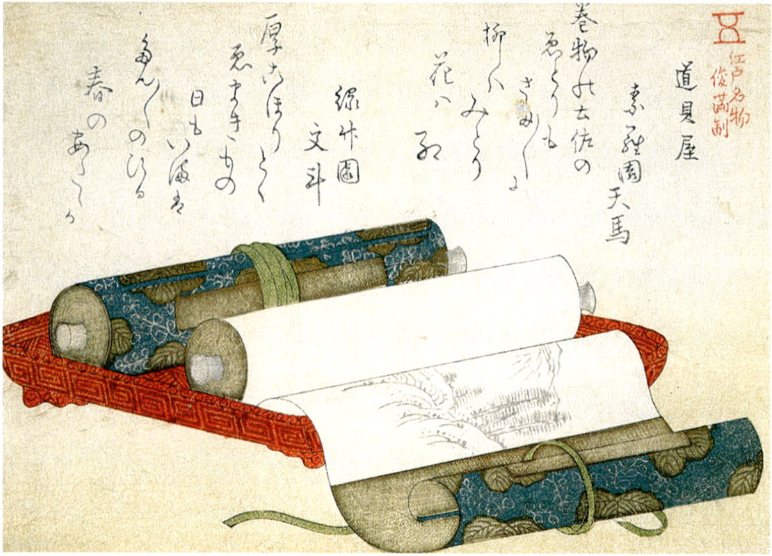
江戸名物
俊満制
道具屋
東羅園天馬
緑竹園文斗

摺物

摺物（すりもの）とは，絵に狂歌などの文章を添えた一枚ずりの版画のこと。正月など，特別な行事のときに配るために注文によってつくられた。

摺物の紙は厚手のものが多かった。また金銀をふんだんに用いたり，光の加減で模様が浮き出るよう，白の顔料を重ねて塗るなど，豪華で凝った装飾が施されていた。摺物の主題としては，静物がとくに好まれた。

左頁上は北尾重政（1739〜1820年）の印章を描いた作品。左頁下は窪俊満（1757〜1820年）の絵巻物，右上は八島岳亭（1786〜1868年頃）の書棚，右下は柳々居辰斎（1764〜1820年頃）の琴を描いた作品。

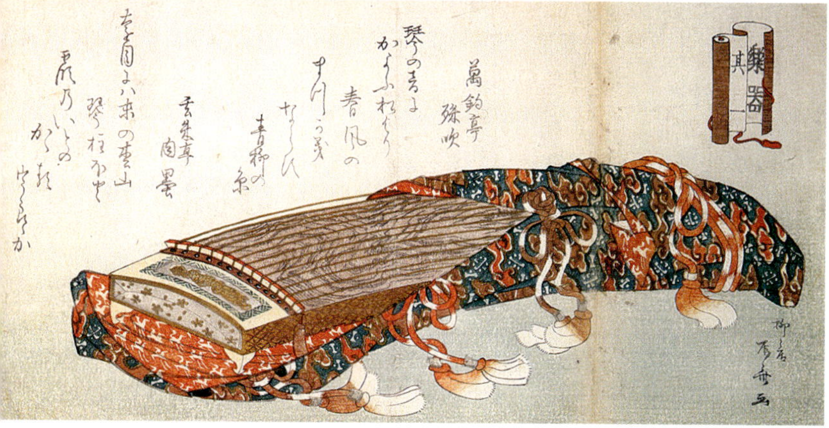

3人のアウトサイダーたち

浮世絵の他にも，江戸時代には絵画の新しい流派が２つ誕生している。中国の知識人の作風から影響を受けた南画（文人画）と，自然の写生を重視した四条派である。

さらに京都では，伊藤若冲《じゃくちゅう》，曾我蕭白《しょうはく》，長沢蘆雪《ろせつ》の３人が，まさしくアウトサイダーという名にふさわしい活躍をみせた。前衛的で個性的な作品を続々と生みだしていった彼らは，絵画を，伝統的な宗教観や国家権力に対抗して自由を獲得するための手段とみなしていた。そのために形式主義を排し，奇抜な着想と大胆な構図による独自の表現をめざしたのである。

鶏の絵を得意とした伊藤若冲（1716～1800年）には，数十羽の鶏を飼って，毎日写生に励んだという逸話が残っている。彼は強暴な鶏は赤く，夜明けを告げるために鳴く鶏は黒く描いた。

⇧小野小町――エキセントリックな曽我蕭白は，権威を無視し，伝統を嘲弄した。彼は激怒した人間のように，筆を紙に投げつけて描き，聖人を酔っ払いのように表現した。

上の絵は，美貌と知性で知られる平安時代の女流歌人小野小町だが，狂気にとりつかれて髪をふり乱した老女のように描かれている。

曾我蕭白（1730～1781年）は金地の屛風に堂々とした老松を描いたが，少し酔ったようなそのタッチは，伝統的な狩野派の画風を完全に嘲弄《ちょうろう》したものだった。

長沢蘆雪（1754～1799年）は和歌山の諸寺院の障壁画を多数手がけている。彼は写生を重んじる四条派の伝統をもちながら，象や，子犬と遊ぶ水牛，カラスの子といった新しい素材を扱い，自由奔放な画風をつくりあげた。また動植物を，怪物や宇宙からやってきた想像上の植物に見たてたり，遠近法を無視して，大きいものと小さいものを逆のサイズで描くなど，空想的で才気あふれる作品世界を残した。

若冲と蘆雪

京都に生まれた伊藤若冲は，若い頃から禅僧と親交を持っていた。彼は動植物に強い関心を示し，とくに鶏を古典的な手法で美しく描写した（⇦）。また中国絵画からも大きな影響を受けていた若冲は，緻密な細部描写と想像力を駆使し，独自の画風をつくりあげた。ブッダの生涯のさまざまなエピソードを，野菜に託してユーモラスに描いた作品は有名である。

一方，数々の奇行のエピソードで知られる長沢蘆雪は，寺院や邸宅の屏風や襖に，実物大の象を好んで描いた（⇧）。

葛飾北斎

葛飾北斎は1831年に，滝をテーマにした8枚の版画シリーズ『諸国滝廻り』を制作した。滝は自然の力，すなわちカミの宿る場所として人々にあがめられていた。

左はそのうちのひとつである「木曽路ノ奥阿弥陀ケ瀧」。この作品は写実的であると同時に，高い象徴性をもつことで知られている。滝口の蛇行した水の動きと，一直線に落ちる滝の対比，ごつごつした岩と，激しい滝のそばでくつろぐ旅人の様子が印象的である。 また『富嶽三十六景』のなかの「神奈川沖浪裏」（⇨128・129頁）は，スケールの大きさに加え，波の先にたつ泡の見事な描写で，世界美術史上の傑作とされている。

風景画の名手，北斎・広重・国芳

浮世絵はあらゆる芸術の表現様式を融合させ，きわめて斬新な芸術世界をつくりあげることに成功した。江戸の浮世絵師たちは京都や大阪の芸術家たちと常に交流をもち，たがいに影響を与えあいながら作品を描いていた。彼らは東海道を通って江戸から京都まで旅をしたり，さまざまな地方を訪れたが，農村地帯では，浮世絵に強い関心を持つ教養のある庄

歌川国芳

幽霊や幻想，伝説の世界を好んで描いた国芳は，右頁上のような飾り気のない作品も手がけている。これは高僧日蓮が雪の積もった丘を苦労して登っている様子を描いたもの。降りしきる雪の風景は，彼の得意のテーマだった。

屋たちが，江戸からやってきた浮世絵師たちをおおいに歓迎した。

そして19世紀になると，交通網が発達したこともあって，一般の庶民のあいだにも旅行熱が急速に高まっていく。その結果，各地にある有名な寺院や過去の歌人たちのゆかりの地，また那智の滝や琵琶湖，伊勢の夫婦岩といった名勝の地が，旅の目的地としてクローズアップされるようになった。

一方，江戸時代後期を代表する浮世絵師，葛飾北斎（1760〜1849年），歌川広重（1797〜1858年），歌川国芳（1798〜1861年）の３人は，長崎でヨーロッパの新しい知識を学んだ本草学者（薬物学者）であり戯作者である平賀源内や，洋風画家の司馬江漢《こうかん》から大きな影響をうけていた。彼らはヨーロッパの絵画から遠近法を学び，それを自分たちの作品にとりいれることに成功した。

こうして風景に重点を置いた新しい浮世絵が誕生した。なかでも有名な作品は，歌川広重が東海道の宿場町を描いた『東海道五十三次』だが，彼は江戸の名所ガイドである『名所江戸百景』や，諸国の名所シリーズも数多

歌川広重

下の絵は『名所江戸百景』シリーズのなかにある「請地秋葉の境内」。ふたりの旅人が，秋の風物詩である紅葉を眺めている。

日本人には，秋の紅葉と春には桜を愛でる習慣があり，このふたつの季節がやってくると，日本人は戸外に誘われ，移りゆくはかない美を敏感に感じとって，それを和歌や絵画に託すのである。

広重はさらに，江戸と東京を結ぶ東海道の宿場町を描いた『東海道五十三次』も残している。126・127頁の有名な「箱根湖水図」は，近代絵画の到来を予期させる傑作である。

東海道五拾三次之内
箱根
湖水図
廣重画

冨嶽三十六景
神奈川沖
浪裏
北斎改為一筆

く手がけている。葛飾北斎も，時間や見る場所でさまざまに姿を変える富士山を描いた『富嶽三十六景』や，各地の滝を描写した『諸国滝廻り』など，見事な作品を残した。

北斎は絵の入門者のための「絵手本」も多く制作したが，そのなかでも有名なのが15編からなる『北斎漫画』である。これはいわば絵の百科事典とでもいうべき作品で，動植物，橋などの建築物，曲芸師などの人物，子どもの遊びといったさまざまな題材のスケッチが数多く集められている。彼は「画狂人」という号でも知られているように，生涯をとおしてひたすら絵を描くことに没頭した，当代随一の浮世絵師だった。

猫好きで知られる歌川国芳は，時代の闇をするどくとらえた浮世絵師だった。彼は幅広いジャンルを扱ったが，風景画と並んで，と

⇩北斎漫画――この作品には，身近な事物や風俗，動物などの多数のデッサンが描かれている。当時の日本の姿を，限りなく忠実に描こうとする北斎の，画家としての執念が感じられる作品である。

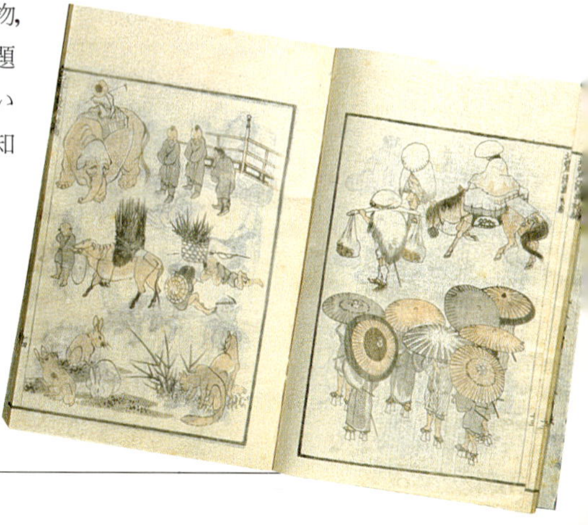

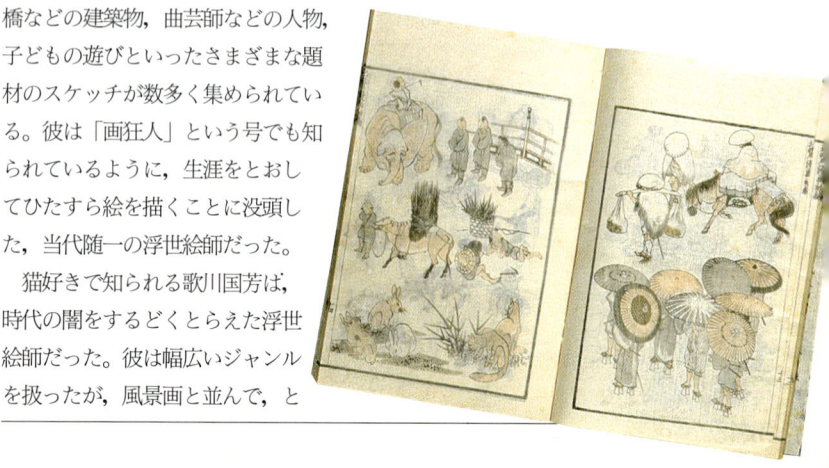

りわけ武者絵を得意とした。そこには，大昔の合戦，不死身の英雄たち，死者の肉体から抜けだしてさまよう幽霊，荒れ狂った波にもまれる海獣，はてしない空間のなかにひとりたたずむ僧侶など，不安や恐怖の感情が見事に表現されている。江戸時代後期という近代日本の夜明けの時代に，彼は浮世絵を通じて過去の歴史から，古代神話の世界を蘇らせることに成功したのである。

北斎と広重

左頁は葛飾北斎の版画で，『富嶽三十六景』のなかでも特に有名な「凱風快晴」。132頁は，歌川広重が描いた『名所江戸百景』の「大はしあたけの夕立」で，19世紀にはオランダの画家ゴッホがこの作品を模写した作品を残している。

欧米文化との出会い

交通網の発達は芸術家たちの旅を容易にしただけではなく，彼らの作品が広く流通するのにも役だった。そして各地方の文化がしだいに融合していったが，1853年に黒船が来航したことによって，日本はついに開国を余儀なくされる。その結果，江戸幕府に代わって政権を握った明治政府は，西欧文明を積極的にとりいれ，近代化政策を進めた。このいわゆる文明開花によって，鉄道や蒸気機関などのさまざまな技術や新しい知識が輸入され，着物に代わって洋服がとりいれられるなど，人々の日常生活もすっかり変化していった。そして，新しく生まれた「新聞」が，日本の歴史上はじめて権力者を公に批判するようになるなど，日本社会は着実に近代国家への道を歩みはじめたのである。

⇩写真師――非常に早い時期から，ヨーロッパ人の写真師の元には，日本人が弟子入りしており，当時の浮世絵にも，写真師を題材とした作品が多数見受けられる。

名所江戸百景
大はしあたけの夕立

資料篇

日本的美意識の諸相

1 日本庭園の秘密

日本の建築や庭園は，もともと中国からの強い影響を受けていた。しかし，平安時代中期に，日本独自の寝殿造《しんでんづくり》という貴族住宅の様式が完成する。そしてそれにともなう独自の庭園様式も発達し，体系的な造園技術書がまとめられるようになった。

日本最古の造園書は，藤原頼通の子，橘俊綱《たちばなとしつな》によって12世紀に編集された『作《さく》庭記《ていき》』である。この書は，「造園の秘伝」という意味の『前栽《せんざい》秘抄』という名でも知られている。

『作庭記』には造園，とくに石組《いしぐみ》〔複数の庭石をひとつの構成にまとめること〕についての基本原則が，くわしく述べられている。

「庭園の地形的な特色と池の姿を頭に入れて石を置くこと」

庭園を造るときは，実際の自然の風景を思い起こし，また，その石がもとはどのような姿をしていたかなども考えあわせて，風情を表現しなければならない。

各地の名所を思いだし，その重要な部分を自分の構想にとり入れることも必要だ。そのようにして造った庭園は，そこに立つと，実際の景観が思いだされるようなものになるだろう。(略)

石の置き方は，粗雑すぎても洗練されすぎてもいけない。少し漠然とした感じに置くのがよい。(略)

池を掘り，その中に石をすえるときは，庭園のそれぞれの要素の客観的な構造を考慮に入れながら，全体的な地形を考え，池の形と島の位置を決めるとよい。このようにすると「たより（設計図）」が明確になるので，それに従って池や島を造ることができる。(略)

家の南側に庭園を造る場合は，階陰《はしかくし》〔外づきの階段が雨に濡れないようにかぶせた庇〕の外側の柱から池または川までを18～21メートル，内裏《だいり》〔住居〕までを24～27メートルにする。しかし，建物があまり大きくない場合，とくに寺院や神社では，池の大きさを考慮して，この距離を変えてもよい。

島をうまく配置するには，南側の庭園の全体的な姿と，池の大きさを考慮に入れなくてはならない。(略)山を築いたり，野筋《のすじ》〔山のすそのゆるやかな起伏〕を造るのは，その場所の地形と池の姿によるべきである。

(略)

一般に，池に島を配置するには，「青竜」，すなわち東から水を引き，「白虎」，すなわち西へ水を流すという中国の伝統に従うのがよい。

池の出口では，釣殿《つりどの》〔池のそばに建てられた小亭〕の板の縁から水面までを12～15センチにして，石が水に隠れたり顔を出したりするようにするとよい。

滝の左右，島の先端，山の近くを除けば，大きい石を立てる必要はめったにない。とりわけ家のそばには，1メートル以上の高さの石を立ててはいけない。もしこの教えを守らなければ，家主はそこに長期間住むことなく，ついには庭園が荒れはてることになるだろう。

「海，川，沼の景観のつくり方」

海の景観を表すならば，まず荒磯をイメージすることである。形の整わない石を，不規則に，荒々しく，力強く配置して，海辺や沖で水が砕ける様を表現する。また，波，暗礁，岬などを思い起させるような形につくる。

川は，竜や蛇がくねくねと這う様子を思い起こさせるものでなければならない。そのためには，主要な石を川が湾曲した所に置くとよい。

石の立て方には秘訣がある。まず中心となるような趣きのあるものをひとつまっすぐに立て，ほかの石は，傾斜をつけて立てることである。石は水に負けないような頑丈なものを選ぶ。川の水がそれぞれの石に

金閣寺とその庭園

当たって方向を変えながら，徐々に勢いを弱めて流れる様子を表現し，風情を醸し出すようにする。(略)

沼の姿を表すために，石を立てる必要はない。アシやアヤメを植え，島などはつくらず，水がはるかに広がっている様を見せるのが望ましい。水の流れ口をわからせてはいけない。沼の水はよどんでいるのが普通だから，水が出入りするところが見えてはまずい。したがって，水の出入り口は隠しておかなくてはならない。また，水がいまにもあふれだしそうな印象をあたえることも大事である。(略)

とはいえ，従うべき大原則はひとつだけである。まず構想をめぐらし，それから風情を加えるということである。(略)

〔山島について〕

池の中に山島をいくつか築いてもよいが，その場合交互に高低を違えなくてはいけない。木をたくさん植え，内海のように山島の前に白浜をつくるのもよい。山のすそに石を置いたりすれば，海から眺めた山の風景が得られる。

〔野島について〕

秋の草を配し，木は植えない。大きな島ならば野筋を２つ３つつくり，石をところどころに置く。全体的な造りを決めるように石を立ててから，秋の草を植える。必要とあれば苔をあしらったり，やはり白浜をつくるとよい。

遣《やり》水《みず》に関するきまり

最初に，水の流れる方向を決めなければならない。古文書を見ると，水が東から入るときはまず南へ，その後に西へ流すのを「順流」としている。したがって，東から西へ流すのがふつうである。西から東へ流すのは「逆流」とされる。庭園の北東では，東から館の下を通して南西へ流すのが最良である。そのように流せば悪い気を清め，取り除いてくれるからである。

湾曲した流れの内側を，竜の腹とする。母屋は竜の腹に建てるのがよく，背に建ててはいけない。

建物の下を水が通る様子

遣水は，帝《みかど》と民の関係を象徴している。土は帝，水は民であり，水は土のままに従う。土が妨げれば水は止まる。しかし，水が強ければ山は弱く，水が山を崩すこともあるのだ。(略)

石の置き方の解説

石の組み合わせ

大小たくさんの石を庭園に運び，立てるべき石は頭を上にし，寝かせるべき石は自然の形のままに平らに置く。石の上下，裏表を見きわめたら，主要な石を庭に並べていく。(略)

山のふもとを整えるには，多くの石を配し，山の重さを支えるようにする。視覚的に重さを感じさせるのである。

山と庭の境や芝の縁にはあまり高い石を置いてはいけない。石の存在を意識させないように配置するべきである。(略)

石を立てる際の禁忌

禁を破れば，館の主は病に陥り，館は荒れ果て，鬼神がやって来るであろう。

〔禁忌の例〕

もとは寝ていた石を立ててはいけない。もとは立っていた石を寝かせてはいけない。このきまりを破ったら，石の魂を犯すことになり，家族が祟られるだろう。寝ていた

石を立てて家のほうに向けてはならない。たとえ離れた所であっても，家のほうに向けると石は祟りをもたらす。

家の北東で，1メートル20センチから1メートル50センチ以上の石を立ててはいけない。家族がそこで長く暮らせなくなる。ただし，家の南西に三尊仏《さんそんぶつ》の石を立てるのであれば，石が祟ることはない。(略)

石を立てるときの軸を，柱の軸と一致させてはいけない。これを犯すと，子孫に祟り，財宝を失うであろう。

これらの禁忌は迷信ではなく，庭園を造るときの基本なのである。

「作庭記」(抜粋)
『日本庭園秘本』より
(現代語訳)

2 女流文学と紀行文学

日本の文学は平安朝の几帳《きちょう》の中で生まれた。「女房」と呼ばれた宮廷の女性たちは，日々を几帳の中ですごし，宮廷人の出入りや雑談，密談などを目撃していた。当時，男たちは漢字で文章を書いていたが，教養ある宮廷の女たちは，新しく生まれた平仮名を武器に，日常生活で使われるありのままの言葉を詩情豊かに書き表した。

その代表的な存在が紫式部である。彼女は有名な『源氏物語』によって，世界の文学史上に燦然と光輝く存在となった。

『源氏物語』

紫式部は，日本最初の女性作家であり，おそらく世界初の女性物語作家でもある。彼女は11世紀に，時の帝の実子である光源氏と，その宮廷を中心とした大河小説『源氏物語』を書きつづった。この物語の特徴のひとつに，植物や雨，季節の移り変わりといった自然の描写が，大きな位置を占めているということがある。光源氏にまつわる数々のエピソードはすべて，そのような自然描写の中で展開されていく。

『源氏物語』を描いた図

「花宴《はなのえん》」

月がのぼり，煌々と輝いている。ほろ酔い加減の源氏は，まだ帰りたくない気分だった。清涼殿の人々は，すでに深く眠りこんでいるにちがいない。このような夜であれば，どこかの扉がうっかり閉め忘れられているかもしれない。そう思って源氏は，あたりに注意を払いながら，忍び足で藤壺の部屋のほうに向かい，目をこらした。

しかし，どの扉も錠がおりていたので，源氏は溜め息をついた。これではどうしようもない。それでもあきらめきれずに弘徽《こうき》殿《でん》の細殿に行ってみると，3番目の扉が開いているのに気がついた。

宴の後，弘徽殿の女御はそのまま帝に召されて行ったので，こちらは人もいないようだったし，奥の枢戸《くるるど》も大きく開いていて，物音ひとつしない。

「こんな不用心ではとかく男女の間違いが起こるもの……」と思いながら源氏は，もはやためらうことなくそっと下長押《なげし》にはい上り，中をうかがった。誰もが眠っているようだった。と，そこへ，「朧月夜《おぼろづきよ》に並ぶものはないわ」と口ずさむ若く美しい声が近づいてくるではないか。声の様子からは，女房とも普通の身分の者とも思えない。源氏はうれしくなって手をさしのべ，女の袖を指にとらえた。

「まあ！　何て恐ろしいことをするの！誰，あなたは」と女は叫んだ。

「ちっとも怖がることはありませんよ。私もそうですが，あなたもこの美しい夜に心惹かれていらっしゃるのでしょう。山に隠れかかっているあの月が私たちを引き合わせてくれたのも，はっきり決まっていた約束事だったにちがいありません〔注：深き夜の／あはれを知るも／入る月の／おぼろ

『源氏物語』を描いた図

けならぬ／契りとぞ思ふ〕」と源氏はささやいた。

「葵《あおい》」

冬枯れの茂みの中に，なでしこがまだ花を見せているのを見つけ，源氏はうれしくなった。頭中将が帰ったあと，若君の乳母にそのなでしこで花束を作らせ，歌を添えて大宮の姫君のところへ届けさせた。

「冬の枯れ草の中に残って咲いていたこの花は，去ってしまった秋のただひとつの名残です。若君が亡き人の形見であるように〔草枯れの／まがきに残る／撫子を／別れし秋の／形見とぞ見る〕」

そしてこの歌に「亡き母上に比べて美しさが劣っていると思われるでしょうか」と加えた。

「蓬生《よもぎふ》」

年月が流れた。もう長いこと，末摘花《すえつむのはな》はまったく希望もなく，暗い気持ちに落ちこむばかりであった。

「お気の毒な姫さま！　まったく運のない方だわ。源氏の君が現れたときは，まるで神にお会いできたかと思ったのに……。源氏の君が去られたなんて，言葉も出ない……。本当にお気の毒に」

と，女房たちは言いあった。

父親が亡くなってから，孤独と単調な生活に少しずつ慣れてきていたのに，源氏が訪ねてきたせいで，新たなる希望がわいてしまった。末摘花は生まれてはじめて世間並みの世界に心ひかれ，貧しい生活が耐え難くなってしまったのである。源氏が訪ねてきてくれているうちはほかの貴族もやってきたが，源氏がいなくなってからというもの1人，また1人と足が遠のき，ついにはまったくよりつかなくなってしまった。また父親の召使たちはみな年老いて，亡くなる者もあれば，もっとよい奉公先を求めてやめてしまう者もいた。　屋敷のまわりも庭も荒れはてて，まるで人の踏みこむことのない原生林のようであった。狐が穴を掘って棲家とし，蓬《よもぎ》がじめじめと生い茂り，昼となく夜となくふくろうの鳴き声が聞こえてくるのも耳に慣れてしまった。人の気配があればこそ隠れていた樹木の精など，怪しいものたちも現れ出て，わが物顔にふるまうほどである。

紫式部『源氏物語』（現代語訳）

女流作家

源氏物語絵巻

『枕草子』

平安時代には有名な女流作家がもう1人いる。簡潔な表現のなかに深い詩情を表現した随筆，『枕草子』の作者として知られる清少納言である。

昔を恋しく思い出させるもの

枯れた葵。雛遊びの道具。濃い紫や葡萄染め（えびぞめ）の端切れが本にはさまれ押しつぶされているのをみつけたとき。雨の日，なつかしくなって，昔思いを寄せた男からの手紙を探し出したとき。去年の蝙蝠扇。月の明るい夜。

上品なもの

薄紫色の着物の上に白い汗衫《かざみ》を重ねた姿。家鴨《あひる》の卵。新しい金属の椀に削り氷を入れ甘葛《あまずら》をかけたもの。水晶の数珠。藤の花。梅の花にうっすら雪が降りかかっている様。とても可愛らしい幼子がイチゴを食べている姿。

むさくるしく思えるもの

刺繡の裏側。まだ毛の生えそろっていないネズミの子が，何匹も巣の中からころがり出たとき。裏をまだつけていない毛皮の着物の縫い目。猫の耳の中。とりわけきれいとも思えない所が薄暗いとき。それほどきれいでもない女が，子をたくさん抱え，世話をしている様子。あまり愛していない妻が長患いしているのも，男としてはわずらわしい気持ちであろう。

近くて遠いもの

みやのめの祭り。互いに愛情のない兄弟姉妹親族の関係。鞍馬のつづら折りの道。大晦日と元日の間。

遠くて近いもの

極楽。舟の旅路。男女の仲。

清少納言『枕草子』
（現代語訳）

『更級日記』

先の2つの作品と同時代に書かれたこの日記は，「紀行文」というジャンルの草分けということができる。後の時代，数多くの僧侶や俳人たちが，この作品に触発されて紀行文を書くようになった。

清見ケ関は海辺にある。関所には多くの建物がならび，柵は海までのびている。波しぶきが富士の煙にとけあっているかのように見える。そのせいだろうか，清見ケ関の波が高くなりそうに思える。趣深い景色である。

田子の浦は波が高いので，舟でまわった。大井川に渡しがあった。この川の水の流れはふつうとは違い，米をすりつぶした粉を濃くして流したように，白い水が早く流れている。

富士川は富士山から流れてくる川である。この国の住人がこう話してくれた。

「ある年，仕事で出かけたとき，あまりに暑かったので，この川のほとりで一休みして眺めていると，川上から黄色い物が流れてきました。物にひっかかって止まったのを見ると，それは反故《ほご》でした。拾い上げてみたところ，黄色い紙に朱筆で濃くきちんと文字が書かれていました。

不思議に思ってよくみると，来年国司が交替する国々が書き連ねられていました。この国も来年国司の席があくことになっていて，新しい人の名前が書いてあり，さらにもう１人の名が書き加えてありました。いよいよ不思議なことだと思って，その紙を乾かし，しまっておいたところ，今年の除目《じもく》〔官吏を任命する儀式〕でこの紙に書かれていたことがすべて本当になったのでした。

この国の国司に任命されていた人は３カ月もしないうちに亡くなり，その隣に書き添えられていた人が次の国司として任命されました。

こんな不思議な出来事があったのですから，神々が前の年にこの山にお集まりになって，翌年の司召《つかさめし》のことを決められるのだろう，などと思いました。いずれにせよ，珍しいことでした」(略)

その月の13日の夜は雲もなく月が明るく輝いていた。真夜中にみんなが寝静まった頃，姉と２人縁側に出て座った。姉が空をじっと眺め，

「今，私がどこかへ飛び去って跡形もなくなってしまったら，どう思う？」

ときいてきたが，私が恐ろしそうにしているのを見て，話題を変えたり笑ったりしてとりつくろっていた。

そのとき，隣の家に先払いをする車の音が聞こえ，止まったかと思うと，「荻の葉，

旅人

荻の葉」と呼ぶ声がしたが，誰も答えない。声の主は呼び飽きたのか，笛の澄んだ美しい音色を響かせ，立ち去ってしまった。

「笛の音はまるで秋風のように聞こえるのに，なぜ荻の葉は秋風にそよとも答えないのでしょう〔注：笛の音の／ただ秋風と聞こゆるに／など荻の葉の／そよとこたへぬ〕」

と私が言うと，姉は「本当に」と言ってこう続けた。

「荻の葉が答えるまで待たずに立ち去るとは恨めしい笛の音です〔注：荻の葉の／こたふるまでも／吹きよらで／ただに過ぎぬる／笛の音ぞ憂き〕」

こうして私たちは夜が明けるまで空を眺めつづけ，明るくなってから寝たのであった。

『更級日記』

（現代語訳）

18世紀――旅の物語

絵師や作家にインスピレーションを与えたのは東海道だけではなかった。伊藤若沖《じゃくちゅう》は舟旅を描き，芭蕉と一茶は庵のまわりの自然について思い，「うたかたの世界」を求めて歩く修行僧たちの旅を辿った。

松尾芭蕉

行く春に　和歌の浦にて　追いつきたり

踵は傷つき，まるで西行のようになったが，西行のあの「天竜の渡し」を思い，また馬を借りるときには徒然草の怒りにかられた上人のことを思った。山野，海浜の美しい風景を見ては神の造形の見事さに感嘆し，すべての執着を断った人々の跡を追い，風情を解する人々の真実の気持ちを知りたいと思った。

そもそも自分は棲み家を捨てたのだし，物をほしがる気持ちなどまったくない。持ち物も何もないので，道中，盗賊の心配をすることもない。駕籠に乗らずゆっくり歩き，夕食をとる。遅い夕食は，空腹の腹には肉よりうまく感じられる。一日の行程が決まっているわけではなし，朝発つ時間が決まっているわけでもない。ただ，願いは毎日ふたつ。よい宿がみつかること，足に合った草鞋がみつかること，それが私のささやかな願いである。　その時その時で気分は変わり，その日その日で気持ちが新たになる。少しでも風雅を解する人に出会うと，喜びはかぎりない。ふだんなら頭が古いだの，頑固だのと嫌って避けるような人でも，こんな遠い地へ来ると，よい道連れとして語り合うことになる。草の生い茂る粗末な小屋にそんな人がいたりすると，瓦石の中から真珠を拾うか，泥の中から金を見つけたような気持ちになり，それを覚書に書き留めたり，他人にも話したくなる。これもまた，旅の楽しみのひとつである。

松尾芭蕉（1644-1694年）

『笈《おい》の小文《こぶみ》』

（現代語訳）

芭蕉の肖像

奥の細道

「45歳といえば，もう十分長生きしたし，そろそろ人生も終わりのような気がする」と，45歳の芭蕉は北国へ旅立った。この旅は，日本における文明地帯のほぼ北限までの，長い旅となった。

『奥の細道』の翻訳者ジャック・ビュシーは，自らも旅行家であり，詩人である。彼は芭蕉の跡を追って「夢の庵」へと辿る道を歩いた。

月日は永久に旅を続ける旅人であり，過ぎてはめぐる年月もまた同じように旅人である。舟の上で働いて生涯を終える船頭や，馬を引いて老いを迎える馬子などは，日常が旅であり，旅が棲み家である。

古来，多くの詩人たちが旅の途中で亡くなった。この私も，いつの頃からか，彼らにならって，ちぎれ雲に吹く風に誘われ，流浪の旅に出たいという思いが抑えられなくなった。そして海辺の国々をさすらい，去年の秋に，墨田川のほとりのあばら家に戻って蜘蛛の巣をはらい，静かに年の暮れを迎えたのだった。しかし年が明け，春霞が立ち始めると，白河の関を越えたいという思いにかられた。そぞろ神〔人の心を落ち着かなくさせる神〕にとりつかれ，道祖神に招かれ，取る物も手につかない。ももひきの破れをつくろい，笠の緒をつけ替え，膝の三里に灸をする間にも，松島の月のことがもう気にかかる。庵は人に譲り，杉風《さんぷう》の別荘に荷を下ろした。

（略）

今年はたしか元禄２年だが，奥羽への長旅をつい思い立った。しかし，耳にはしてもまだ見知らぬ国のこと，不安も増す。異国の空から降る雪で白髪になってしまうようなつらい旅になるであろう。生きて帰りたいという気持ちは頼みになるものではないが，それでもその気持ちにかけて歩きつづけ，草加の宿にたどり着いた。旅の早々，やせた肩に荷物がくい込み苦しんだ。はじめは身ひとつで出かけたかったが，夜の寒さを防ぐ紙《かみ》衣《こ》，雨具，墨や筆，あるいは断りきれずにもらった餞別などは，さすがに捨てるわけにもいくまい。おかげで，大きく煩わしい荷物となってしまった。

松尾芭蕉『夢の庵』

（現代語訳）

3 禅の文学

日本では，時代とともにさまざまな形式の詩が生まれ，それぞれ大きく花を咲かせた。その最も古い形式は和歌で，8世紀にまでさかのぼることができる。有名な『万葉集』は，日本に現存する最古の詩集である。

一方，16世紀になると俳諧が独立したジャンルとして成立し，いまにいたるまで，日本人に愛好されつづけている。

こうした日本人の好む詩の世界と，公案などにみられる禅の教えには，かなりの共通点がある。事実，松尾芭蕉や小林一茶などは，禅僧でもあり，俳人，さらに旅人でもあった。

「公案」と禅の教えの登場

公案とは禅の教えを表現した短文で，矛盾や象徴に満ちている。公案の目的は，理路整然とした考え方のメカニズムを打ち砕き，即興で問答をぶつけあいながら悟りへと導くことにある。

耳の中で響く数多の声，
しかしそれらの根源は
声なき音というべきであろう。

沢庵（1573-1645年）『禅の芸術』
（ステファン・アディス『1600年から1925年の日本の僧の絵画と書道』より）

我が罪は許されたのだから
戻りたいとは思う
しかし，あのむさ苦しい江戸のことなど
ほとんどどうでもいいのだ。

沢庵　同上

老僧は誰もいない山で，

沢庵の書

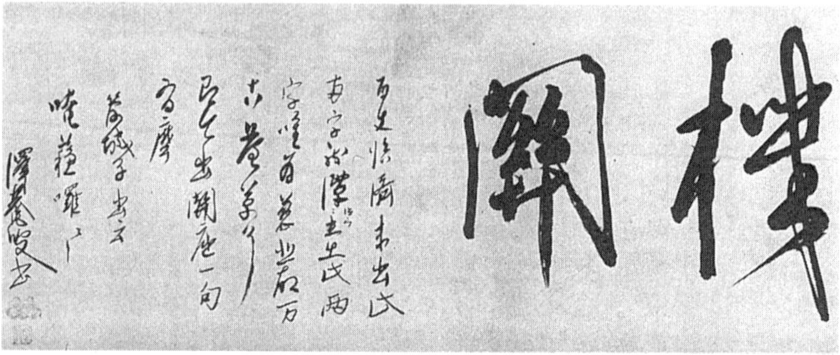

日がな一日，夜もすがら，独りで，静かに，
思案にふけり，休む。
私が断崖絶壁を去ろうとすると，
訪問者が来て心を乱す。
人の世はいつになっても人の世であること
だろう。

風外(1568-1654)　同上

その生き方は貧にあらず
その豊かさは計り知れず
月を指差し，月を眺め
老いた旅人は道を歩き続ける

風外　同上

どんな月が白く輝き，どんな風が強く吹く
のか。
彼の人生はまさにこの瞑想への賛歌以外の
なにものでもない。
彼はなぜそんなに幸せそうにほほ笑むこと
ができるのか。
彼を他の人間と比べてはいけない。
彼の俗心はこの世のものではないのだ。
彼の喜びはその本性から現れるものなのだ。
並外れて幸運に満ちた肉体をもっていると
いって
彼を批判できる者がこの世にいようか。

風外　同上

心の外から内へ，そして内から外へ，
前進そして後退，
生そして死，往そして来，
二本の矢が出会い一本になるごとく，

風外の自照

空《くう》のさなかで，
真の住まいに私をまっすぐ導く一本の道が
ある

月舟宗湖(1618-1696)同上

杖をもち，彼はまっすぐ人間を見据える。
だが本来は形がなく，彼の風貌は真のもの
ではない
彼の形は形としては見えない
彼の好意はもっぱら生来の好意である
たった一度であなたがこの法理をわかるな
らば

あなたの精神はこの世を超えて高く飛翔することだろう

隠元（1592-1673）　同上

禅の教えの再生ー絵画，書道，諧謔

18世紀，白隠や仙厓《せんがい》らの禅僧は，絵画と書道を通して禅の教えを復活させた。精神は形を超えること，何物にもとらわれなくてよいことを示すために，ユーモアを前面に押し出している。

瞑想する蛙
座禅して人が仏になるならば
私が蛙であっても
とっくに仏陀になっているにちがいない

仙厓（1750-1837）

「座禅とは，座って瞑想することである。庭にいる蛙の姿は座禅を組んでいるようである。瞑想の姿勢だけで禅と言えるならば，蛙はずっと前から仏陀になっているはずである。しかし，禅はただ座っているだけでは禅とは言えない。無意識の中の覚醒が必要なのである」

ヨーロッパ巡回展覧会のカタログ「仙厓」より。国際文化振興会編集，1961年

瞑想する蛙

姑が柄杓をあまり強くあたると，嫁の脚はすりこ木のようにこわばる。

仙厓

「昔から姑というものは，家族の新参者である嫁につらくあたるものである。若い嫁は，姑の命令に従おうとして，家の隅から隅まで行ったり来たり。そのため嫁の脚は箸やすりこ木のように堅くなるのである」

仙厓　同上

白隠は，右頁の猿の絵に次の詩をつけた。

猿は池に映る月を取ろうとしている。
死に打ちのめされないかぎり
意地でも月を取ろうとするだろう。
枝から手を離さず，池に落ちないように。
しかしその手を離し落ちたなら，その目にはきらきら輝きわたる世界が映るだろうに。

「白隠師」（アン・バンクロフト『禅・現実の直接経験』より）

俳句の世界

俳句はこの世の一瞬のひらめきを切

猿（白隠画）

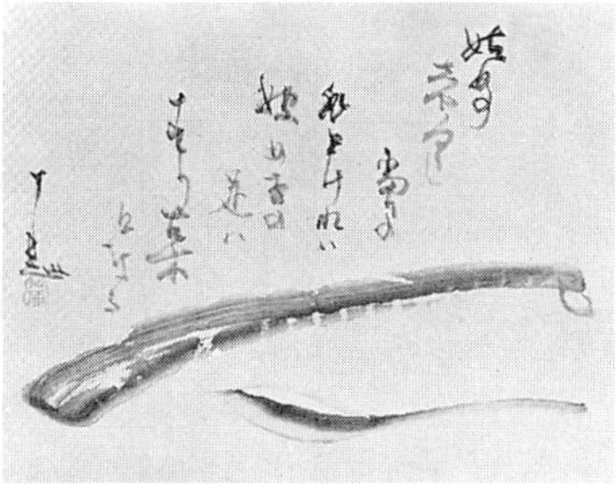

すりこ木と柄杓

り取り，永遠に定着させる芸術である。すぐれた俳句からは，その情景をまるで現実に体験したかのような深い感動を味わうことができる。

俳句という表現形式の簡潔さ，即興性には，公案の精神に通じるものがある。たとえば，蛙が池に飛び込む音を聞いて，そこに永遠を感じた芭蕉の作品のように。

古池や　かわず飛び込む　水の音

芭蕉（1644-1694）

（モーリス・コヨー『影のないアリ，俳句の本』アンソロジー散歩より）

寒き田や　馬上にすくむ　影法師

芭蕉　同上

雨蛙　芭蕉にのりて　そよぎけり

棋角（1660-1707）同上

寒梅を　手折る響きや　老（おい）が肘

蕪村（1715-1783）同上

歯あらわに　筆の氷を　噛む夜かな

蕪村　同上

夕風や　水青鷺の　脛をうつ

蕪村　同上

西吹けば　東にたまる落ち葉かな

蕪村　同上

おれとして　白眼《にらみ》くらする　蛙《かわず》かな

一茶(1763-1827) 同上

亀鳴くや　皆おろかなる　村の者

虚子(1874-1959) 同上

水かめに　浮べるアリの　影はなし

誓子(1901)

俳人の書と肖像

隠者

4 浮世絵の技術

浮世絵は，18世紀の日本に花開いたきわめて水準の高い芸術だが，2世紀たった今日もなお，その技術は東京の古い工房に生き続けている。職人たちの動作や技術は，先人たちと変わらない。題材は主に広重や北斎などの古い作品だが，現代の画家のために「木版画」を彫ることもある。

彫り師の作業

浮世絵は金属に彫られた版画ではなく，板に施された彫刻である。すべての線と面は，絵師が考たデザインどおりに紙に印刷されるが，その前にまず桜の版木に転写される。版木は，印刷がくり返されてもすり減らないような丈夫なものであると同時に，どんな繊細な線でも彫れるように凹凸がまったくなく，しなやかなものでなければならない。

版木への転写の方法は，元絵を写した版下を裏返しに版木に貼りつけるもので，彫り師は版下を貼りつけたまま彫っていく。この工程にはかなりの熟練を要する。彫り上がった作品（元の絵から独立して独自のものになっている）も，版画の出来も，すべて職人の腕と感性にかかっている。たとえ同じ下絵を使ったとしても，自然ににじみ出るその独自性は，決して真似のできるものではない。

色と同じだけの「版木」がある

版木は一色に一枚をあてる。黒の塗りの強度，あるいはそこに現れるモチーフ，緑，黄色，ある種の青の特性をだすには，いくつもの工程を要する。丸鑿《のみ》でつけた印，あるいは浮き彫りにした直角の印だけを見当に，刷り師はそれぞれの色を塗った版木一枚一枚に，正確に，つぎつぎと紙をのせていくのだ。

線を鮮明に，色をにじませないように，ずれのないように刷るには，正確な動作と鍛えられた眼，そしてすぐれた技量を要する。色を塗った版木にぴたりと紙を合わせたら，竹の皮を巻いたばれんで紙をこすり，色を紙にしみこませる。ばれん〔版木に乗せた紙を上からこする道具〕は同心円を描くようにしてしっかり動かすが，刷り上がった版画の裏にばれんの跡が残ったり，版画の表面に版木の木目が写ることが時としてみられる。

紙の主成分はこうぞの繊維

版画に用いられる紙は楮《こうぞ》の繊維を主成分としている。こうぞの樹皮を叩いて砕き，餅のようにして，植物性の糊とまぜあせて作られた紙は，柔軟で色がよくしみこみ，緊密で色が広がらず，版画に適した性質をもつようになる。紙の手触りや，含まれているふすまをみると，版画の元の性質が時代によって異なることがわかる。実際，紙の性質は変わらなくても，職人や時代によって厚さや組成は変わるものである。

木版画の伝統的な判型には何種類かあるが，版木の規格，芸術家の感性や愛好家の好みなどによって，それぞれそうでなければならない理由がある。完成した木版画には絵師の署名と印判，版元・検閲の印判を入れる（これら全部が入ることもあれば，そのどれかだけのこともある)。彫り師の名前も刷り師（版元の工房に所属する）の名前も表に出ることはほとんどない。だが無名とはいえ，彼ら一人一人が等しく，作品の完成に携わった制作者であるのだ。

本刷りの枚数も，その刷りが何番目のものかということも，示されることはない。ふつう，版木の性質からみて，「初版」としてまったく変わることなく均一に刷れるのは300枚あまりだと考えられている。しかし，注文数によっては10枚しか刷らないこともあれば，今日世界にたった１枚しか存在しないこともあるのである。

ネリ・ドゥレ

版画を彫り，刷るのは男の仕事であったが，歌麿のこの作品では，「有名な美女たち」が作業してい。

①

②

③

④

⑤

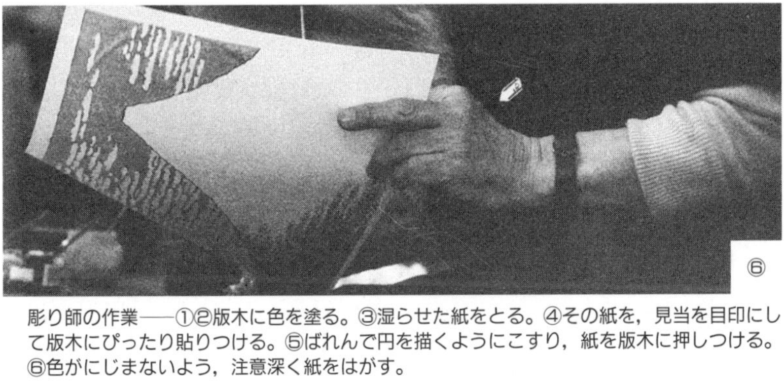

⑥

彫り師の作業──①②版木に色を塗る。③湿らせた紙をとる。④その紙を，見当を目印にして版木にぴったり貼りつける。⑤ばれんで円を描くようにこすり，紙を版木に押しつける。⑥色がにじまないよう，注意深く紙をはがす。

歌麿の版画

5 北斎

「画狂老人」といわれた天才北斎は，日本芸術史上，傑出した存在である。彼が作りだした「波」の描写は，西洋の芸術家たちを魅惑し，たとえばドビュッシーにもインスピレーションを与えた。

一方，彼自身もまたオランダ人が出島で教える西洋科学に引きつけられていた。出島に何度も足を運んだ北斎は，遠近法，解剖学，植物学などを学び，作品に応用した。その成果がもっともよく表れているのが『北斎漫画』である。

ただ，そのように西洋にひきつけられはしたが，北斎は禅に対する深い愛着や，現実の日本の「うたかたの世界」へのつきぬ好奇心を捨てることはなかった。

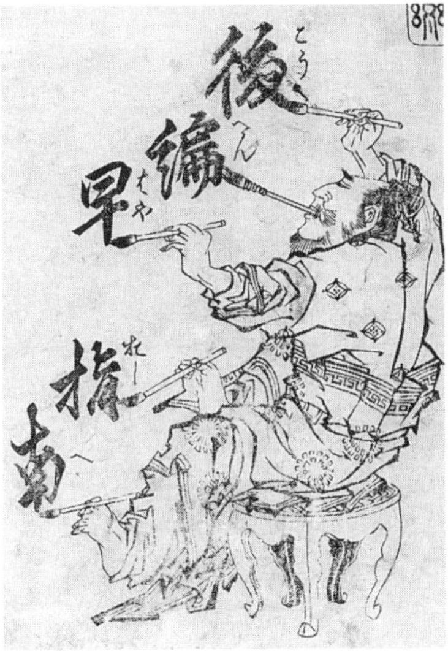

自画像を描く北斎

北斎は，刷りと彫りの技術に関する自分の考えを，手紙といくつかの作品の序文に書き残している。

版画制作の目的

版元の小林に宛てた日付のない手紙に，北斎はこう書いている。

> ぼかしは薄墨の場合，絵師なら筆先の運びだけでできるのでよいのですが，刷り師では，ふきぼかしはせいぜい200部しかできません。同じ板ではそれ以上は無理なのです。ですから墨の色合いについてだけ言いますが，墨はできるだけ薄くしてください。

濃いめだと，刷り上がりが見苦しくなります。刷り師に，薄墨としじみ汁は薄いものがよいと伝えてください。

次に中墨ですが，これは薄すぎると，引き立ちません。よい機会ですから，刷り師に言ってください，中墨と納豆汁は濃いほうがよいと。いずれにせよ，試し刷りはよくみるつもりです。私が描いた絵をうまく料理してほしいので，汁にたとえてこのような細かいことを言うのです。

北斎はよく手紙に追伸をつけたが，次はそのひとつである。

私が描いていないものは，勝手につけ加えないように彫り師に言ってください。鼻についていえば，このふたつが私の鼻です（正面からみた鼻と，横からみた鼻の絵が，見本として描かれている)。どうも，彫り師たちは私の大嫌いな歌川の鼻を彫りなれているようです。歌川の鼻は，画法にまったく反していますよ。それから，目の描き方にもこのような流行がありますが，この目は鼻よりももっと嫌いです（真ん中に黒い瞳の描かれた目の絵がいくつか示されている)。

描きかたについて

『定木とぶんまわし〔コンパス〕を用いて絵を描く方法』で，北斎は色と「物の釣り合いを会得する方法」についての考えを述べている。

色は濃すぎず，薄すぎず，筆は寝かせること。そうでないとむらが出る。絵の具は濃いと色合いが堅くなるので，薄いほうがよい。輪郭ははっきりさせず，ぼんやりとみえるように塗ること。絵の具はそのまま使わず，浮かんだゴミをとりながら使うこと。色を混ぜるときは，筆を使わずに指を使うこと。墨で描いた線の上は塗らず，ごく薄くして重ねること。(略)

黒には古い黒，新しい黒，艶のある黒，くすんだ黒，日向の黒，日陰の黒がある。古い黒には赤を混ぜること。新しい黒には青，くすんだ黒には白，艶のある黒には膠《にかわ》を加える。日向の黒には光があたって見えるようにしなくてはならない。(略)

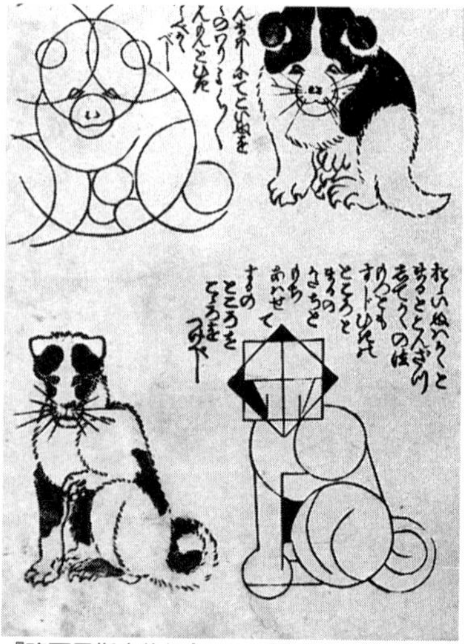

『略画早指南後編』――「定木とぶんまわしを用いて描く方法」のページ。

先人は，山は１丈(10尺)，木は１尺，馬は１寸，人は豆粒大に描くことが画法であると言っている。しかし，線はすべて円と角で描くのである。私，北斎は，四角形と円の２つだけで物の形を決める方法を示そうと思う。焼筆（マサキの木の端を焦がし

北斎の『木曽路ノ奥阿弥陀瀧』

たもの）で形をとる昔のやり方と同じである。この方法を覚えて，角と円をうまく扱うことができれば，細密な絵も描けるようになるのである。

早く描くには

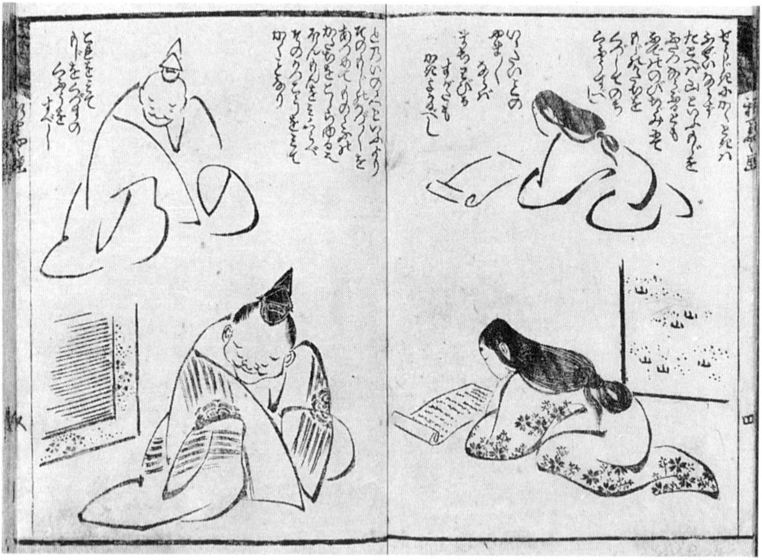

『略画早指南後編』の見開きページ

1812年に発行された『略画早指南』の序文で，北斎は筆使いの方法，物の形を文字で簡単に表す方法（文字絵）を示し，角と円で幾何学的に形を分析してみせる。

のしこし山の山水天狗は，へマムシヨ入道の慢心を愛し，不思議な画法を教える。私はこの方法を数百年間学んでいるが，まだ完全にわかったとはいえない。しかし奇妙なことに，人物，動物，虫，魚などが紙を離れていくような気がする。実におかしなことではないか。これを知った本屋がその絵を見たがり，断るわけにはいかなかった。巧みな彫り師である小泉がよく切れる刀でそれらの筋骨を断ったところ，逃げていかないようになった。(略)

昔から，人は物の形を写す。空には日，月，星，地には山，木，魚，家，野を描く。これらの事物は簡略化され，形を変え，文字になった。しかし，画家と呼ばれる者ならば物の元の形を尊重し，家，宮殿，寺などを描くときはそれらの細かい骨組みまで知っていなければいけない。

『雛形《ひながた》』という題名の本があり，本屋が私にこの続篇を書くように言ってきた。初篇は工匠が書いたもので，技術篇ともいうべきものであるが，私の続篇は絵を描くために必要な形を中心にした。この書によって，若い画家が虎のような猫，鷹のようなトンビを描くことのないように願う。そうなれば，私の仕事が山の片隅の小石にすぎなかろうと，誇りに思うのである。(略)

本書は，子供のためばかりにあるのではない。即座に描きたいと思う人々，俳人などにも，略画への手ほどきとして適している

巻末に北斎はこう加えている。

私がこの本を書くに思い至ったのは，ある晩，ゆうゆうかん（架空の名前）がやってきて「どうしたら，早く簡単に絵を描くことができるのでしょうか」と訊いたことからである。私は，文字にしたがって絵を描く遊びをするのが最もよろしかろうと答え，筆をとり，やり方を見せてやった。

２～３枚描いたところで，同席していた耕書堂がこのまま捨てるのを惜しみ，一巻分を描かせたのである。したがって，これはほんの気晴らし，ひまつぶしとしてみてほしい。

「70前に描いたものは取るに足らない」

1835年，『富嶽百景』の巻頭で，巨匠は驚くべき告白をしている。

私は６歳にときから物の形を描く癖があった。50歳くらいになると，おびただしい数の絵を発表したが，70前に描いたものはすべて，取るに足らないものである。私が動物，草木，鳥，魚，虫など，真の自然の成り立ちを理解したのは73歳になってからである。したがって，80歳にしてますます進歩し，90にして物事の奥意をきわめ，100にして傑作といえるものに辿りつき，110歳では自分の中で点として線として生きるようになりたい。私と同じように長生きする者に，私がこの言葉どおり生きるかどうかを見てほしいものである。75歳の北斎改め画狂老人書く。

『北斎』東洋出版（1984年）

北斎の自画像――『略画早指南後編』の口絵に描かれたユーモラスな絵。

年　表

年	事　項
	大和時代
4世紀末	大和朝廷，国家を統一
552	仏教の伝来
587	蘇我氏，物部氏を滅ぼす
593	聖徳太子，摂政となる
604	憲法十七条の制定
	飛鳥時代
672	壬申の乱（皇位継承をめぐる内乱）
689	飛鳥浄御原令の施行
	奈良時代
710	平城京（奈良）に遷都
720	日本書紀（日本最初の正史）の成立
743	墾田永年私財法の制定
745〜752	東大寺の大仏造立
8世紀後半	万葉集（日本最古の和歌集）の成立
	平安時代
794	平安京（京都）に遷都
805	最澄，唐（中国）から帰朝し，天台宗を創始
806	空海，唐から帰朝し，真言宗を創始
894	菅原道真が遣唐使の派遣を中止
11世紀初頭	紫式部による日本最古の長編物語である『源氏物語』の成立
1022	摂関政治全盛の時代を築き上げた藤原道長による法成寺の落慶供養
1180	源頼朝，伊豆で挙兵し，鎌倉に入る
	鎌倉時代
1192	源頼朝，征夷大将軍に任ぜられる
1232	北条泰時，鎌倉幕府の基本法典である御成敗式目（貞永式目）を制定
1274年・1281	元寇（蒙古来襲）
1333	鎌倉幕府滅亡
1336	南北朝の対立

	室町時代
1368	足利義満，室町幕府第3代将軍となり権力を掌握。のちに彼は出家して金閣寺を造営する
1392	南北朝の合体
1428	正長の徳政一揆
1467	応仁の乱（将軍家の相続争いを発端とする，諸国の守護大名どうしが戦いを繰りひろげた内乱）
1489	足利義政，銀閣寺を建立
1495	北条早雲，小田原城を攻略。群雄割拠の時代のはじまり
1543	ポルトガル船が種子島に漂着。鉄砲の伝来。これが戦術を大きく変化させる発端となる
1549	フランシスコ・ザビエル，キリスト教の布教活動を開始
1573	織田信長，足利義昭を追放。室町幕府の滅亡
	安土桃山時代
1580	信長，本願寺と和睦。これにより1世紀に及ぶ一向一揆が終結
1582	本能寺の変。信長自刃。豊臣（羽柴）秀吉が権力を掌握
1583	秀吉，大阪城を修築
1587	秀吉，バテレン追放令を出す
1588	刀狩令の制定（刀の使用を武士のみに認める）
1590	秀吉，全国統一を実現
1594	秀吉，伏見城を築城
1598	秀吉死去
1600	関ケ原の戦い。徳川家康の覇権が事実上確立する
	江戸時代
1603～1616	家康の治世（将軍および大御所として）
1622	元和の大殉教（長崎で55人のキリシタンが殉教）
1637	島原の乱
1639	鎖国令
1641	オランダ人を長崎の出島に移す
1657	江戸明暦の大火
1732・1783	大飢饉
1853	ペリー，浦賀へ来航
1854	日米和親条約（神奈川条約）。下田と箱館の2港を開港
1864	四国艦隊，下関砲撃
1867	大政奉還
1868	明治維新

INDEX

INDEX

INDEX

出典(図版)

【口絵】

5◉富士山のまえに立つ僧侶
6◉神道の神主
7◉仏教の托鉢僧
8/9◉伏見稲荷大社の本殿入口にある注連縄　京都
10◉伏見稲荷大社の本殿に捧げられた瓶子　京都
11◉禅寺の庭園
12/13◉大覚寺の紋　京都
15◉扇で顔を隠した女性『源氏物語』の絵画化　16世紀末　個人蔵

【第1章】

16◉厳島神社の大鳥居
17◉稲荷神の使者として信仰される狐　象牙製　18世紀
18/19◉伊勢の夫婦岩
19◉「富士山の女神」　富士山本宮浅間神社の絵画　ギメ美術館　パリ
20◉日本のおもな都市　地図
21上◉縄文式土器　紀元前1000年紀初頭　ギメ美術館
21中◉アイヌ　絵巻物　18世紀　個人蔵
21下◉銅鐸　弥生時代　紀元前1世紀
22◉竹原古墳の壁画　九州　古墳時代　3世紀
23◉ひざまずく男性をかたどった埴輪　素焼の土製品　7世紀　茨城県大和村
24上◉稲荷神の使者として信仰される狐の像　伏見稲荷大社
24下◉注連縄　伏見稲荷大社
25上◉神道の神主　英一蝶の素描　17世紀
25下◉伊勢神宮

【第2章】

26◉無著　木像　運慶作　1212年　興福寺　奈良
27◉釈迦牟尼(ブッダ)　インドの影響を受けた日本画　16世紀
28◉藤原時代の扇形の料紙に書かれた法華経の断章　個人蔵
29左◉「聖徳太子」　絹絵　13～14世紀　鎌倉時代末　ギメ美術館
29右◉虚空蔵菩薩　木像　7世紀　法輪寺
30◉奈良の寺院跡　P.アレクサンダーによる図
30下◉東大寺南大門の木組　12世紀　奈良
31◉興福寺の透視俯瞰図『春日権現霊験記』から　室町時代　16世紀　興福寺　奈良
32上◉東大寺南大門　奈良
32下◉東大寺大仏殿　奈良
33◉盧遮那仏坐像　金銅製　8～18世紀　東大寺　奈良
34/35◉千体観音　13世紀　三十三間堂　京都
35上◉「白象に乗った普賢菩薩」　絹絵　14～15世紀　ギメ美術館
36◉「阿弥陀来迎図(部分)」　14～15世紀　個人蔵
37左◉不動明王　絵画　15世紀
37右◉地蔵菩薩　青銅製・彩色　12世紀　伝香寺
38◉弥勒菩薩　木像　7世紀　広隆寺　京都
39◉月光菩薩　塑像　8世紀　東大寺　奈良
40◉持国天　塑像　8世紀　同上
41◉広目天　塑像　8世紀　同上
42左◉「空海」　絵画　15世紀
42右◉「最澄」　絵画　16世紀末
43◉「鑑真」　彫刻　乾漆造　8世紀　唐招提寺　奈良
44上◉真言宗の曼荼羅　絵画　15世紀
44/45下◉仁王像　木像　運慶・快慶作　1203年　東大寺南大門　奈良
45上◉飛白で書かれた文字　15世紀

【第3章】

46◉「鷹狩」　土佐光吉画『源氏物語図』より　16世紀　個人蔵
47◉竹蒔絵箱　尾形光琳（1658～1716）作　個人蔵
48上◉「蓬生のなかを歩く光源氏」　土佐光吉画『源氏物語図』より　16世紀
48/49下◉平等院鳳凰堂
49上◉阿弥陀如来　金銅像　定朝作　11世紀　平等院鳳凰堂

出典（図版）

50上◉源氏物語絵巻の詞書「東屋」の巻　16世紀　徳川美術館　名古屋
50/51下◉平安時代の女流歌人　『源氏物語』の絵画化　16世紀
52/53◉『源氏物語絵巻』「鈴虫」の巻　12世紀　五島美術館　東京
54上◉『源氏物語絵巻』　16世紀
54/55◉宮中の女房　住吉具慶画　『源氏物語』の絵画化　個人蔵
55上◉貴人の部屋の書棚　同上
56下◉『鳥獣人物戯画』　鳥羽僧正作とされる絵巻　12世紀の複製画　高山寺蔵　京都
56/57上◉「宮中の縁側に座る光源氏」　住吉具慶画　『源氏物語』の絵画化　17世紀
個人蔵
57中・下◉平安時代の庭園に咲く花　『源氏物語』の絵画化　16世紀
58上◉三宝院の表書院の内部装飾　醍醐寺　京都　桃山時代
58下◉修学院離宮の風景　京都　江戸時代　17世紀
59◉栗林公園　高松　1642年（1745年改修）
60/61上◉桂離宮　1641～1655年
60/61下◉桂離宮　中書院（右）と室内から見える庭園（左）
62上◉「鶴図屏風」　尾形光琳画　フリーア美術館　ワシントン
62下◉屏風　狩野派　17～18世紀
63◉『源氏物語』を題材とした書　本阿弥光悦　16～17世紀
64/65◉書棚を描いた屏風　桃山時代　個人蔵
66◉能の上演　版画　製作年不詳　ポートランド美術館　オレゴン
66/67◉能の一場面　梅若靖記が演じる「清経」　国立ジョルジュ・ポンピドゥー芸術文化センター　1997年6月
67◉能に用いる女面　18世紀

【第4章】

68◉「大阪夏の陣図（1615年）」　黒田長政（1568～1623）が描かせた屏風画
69◉武将が持つ，日の丸を描いた扇　16～17世紀　L.J.アンダーソンコレクション
70/71◉『影武者』の一場面　黒沢明監督の映画から　1980年
71下◉甲冑を身につけた武士　素描　19世紀　個人蔵
72上◉忠臣蔵　歌川国芳の版画　19世紀　個人蔵
72下◉「侍」　17世紀の絵画　個人蔵
73◉甲冑師　屏風の一部分　1600年頃　喜多院　埼玉
74左◉鎧　桃山時代　16世紀末　兜　17世紀　大英博物館　ロンドン
74右◉胴丸　17～18世紀　フィレンツェ
75◉甲冑　16～17世紀　京都
76左◉甲冑　17～19世紀　同上
76右上◉扇形の前立のある兜　16世紀　東京国立博物館
76右下◉鉄面　明珍　18世紀　ヴィクトリア&アルバート博物館　ロンドン
77◉甲冑　19世紀
78◉刀の鍔　鉄に金象嵌　江戸時代　18世紀末
78/79下◉刀　15～16世紀　東京国立博物館　埋忠明寿の銘が刻まれた刀身　19世紀　ヴィクトリア&アルバート博物館
79上◉射手　歌川豊春の版画　18世紀
80◉「島津貴久」　絵画　16世紀
81◉「ポルトガル船」　1593～1600年　国立古美術館　リスボン
82/83◉「大阪夏の陣図（1615年）」　黒田長政が描かせた屏風画
84上◉姫路城（白鷺城）の内部　兵庫
84/85下◉姫路城　同上
85◉「松と鷲」　狩野永徳派の屏風　16世紀末　個人蔵

出典（図版）

【第5章】

86◉「水牛にのった隠者」 海北友松（1533〜1615）画とされる水墨画
87◉「布袋」 葛飾北斎（1760〜1849）画 個人蔵
88◉北条時頼 木像・彩色 ギメ美術館
89左◉「達磨」 絵画 鎌倉時代 14世紀
89右◉「拾得」 野々村宗達(俵屋宗達)の水墨画 江戸時代 17世紀初頭 アトキンス美術館 カンザスシティー
90左上◉山水画 雪村の水墨画 室町時代
90右◉「竜」の文字 18世紀
91左◉日蓮の言葉 13世紀
91右◉禅寺に伝えられる書 18世紀
92/93◉雪舟等楊（1420〜1506）による山水画 墨・彩色 個人蔵
94◉茶の湯（茶道）
95上◉茶道に用いる茶碗 18世紀
95下◉茶会の主人 版画 18世紀
96上◉手水鉢 大仙院 京都
96下◉金閣寺（鹿苑寺） 1397年（1955年再建） 京都
97◉苔寺（西芳寺） 京都
98上◉熊手で白砂に模様をつける僧侶 大仙院
98下◉竜安寺の庭園 京都
99◉大徳寺の庭園 京都
100◉松尾芭蕉（1644〜94）の書と弟子のひとりが描いた水墨画
101◉柿本人麻呂 絵画 土佐派 17世紀

【第6章】

102◉台所美人 喜多川歌麿の版画 1790年頃 ギャルリー・ユゲット・ベール パリ
103◉根付 土田宗悦（1660〜1745）作
104◉商店の店先 屏風 1600年頃 喜多院 埼玉
105◉「名古屋の津島川祭」 絵画 土佐派 17世紀 ギメ美術館
106◉「舞妓（部分）」 岩佐又兵衛画 1616年頃 ジャネット・オスティエ・コレクション パリ
107上左◉衣装箱 尾形光琳作 17世紀 同上
107上左から2番目◉「印籠」 柴田是真作とされる作品 19世紀
107上右から2番目◉「印籠」 18世紀
107上右◉「印籠」 19世紀
107下◉蒔絵の櫃 17世紀末 ギメ美術館
108◉「三十六歌仙」 本阿弥光悦の書 土佐光茂画とされる肖像画 1610年頃
109上◉『曽我物語』の一場面 版画・彩色 1646年頃 英国図書館
109下◉祭の一場面 版画・彩色 杉村治兵衛画 1690年頃 ポートランド美術館 オレゴン
110上◉綿入の下で寝る男女 版画・彩色 西川祐信画 1710年頃 マン・コレクション ハイランドパーク イリノイ
110下◉ふたりの芸者 奥村政信の版画 1750年頃
111◉傘を傾げて影を見つめる娘 鈴木春信の版画 1760年頃
112◉歌舞伎の劇場内部 奥村政信の版画 1740年頃
113上◉女形の歌舞伎役者の化粧
113下◉松本米三郎 東洲斎写楽の版画 1794年頃 J.オスティエ・コレクション
114左◉瀬川菊之丞 勝川春潮の版画 1770年頃 同上
114右◉市川団十郎 鳥居清重の版画 1740年頃 マン・コレクション ハイランドパーク イリノイ
115◉市川団十郎 勝川春章の版画 1781年頃 J.オスティエ・コレクション
116上◉京都の茶屋 版画 1745年頃 個人蔵
116下◉歌舞伎役者たち 歌川国芳（1797〜1861）の版画
117◉縁側の近くで戯れる男女 喜多川歌麿の版画 1788年頃 マン・コレクション ハイランドパーク イ

出典(図版)

リノイ
118上◉長崎の街　版画　作者不詳　1875年頃　個人蔵
118中◉菖蒲　18世紀末
119上◉古代ローマ遺跡を描いた浮絵絵　歌川豊春の版画　1750年頃　個人蔵　日本
119下◉3つの杯　葛飾北斎の版画
120上◉印章　北尾重政の版画　1817年
120下◉絵巻物　窪俊満（1757～1820）の版画
121上◉書棚　八島岳亭（1786～1868）の摺物
121下◉琴　柳々居辰斎（1764～1820）の版画
122◉小野小町の肖像画　曽我蕭白（1730～1781）の水墨画　J.オスティエ・コレクション
123左◉「群鶏図」　伊藤若冲(1716～1800)の襖絵　西福寺　大阪
123右◉「唐子遊戯図」　屏風　墨と金　長沢蘆雪画　メアリー・グリッグス・バーク所有
124◉木曽路ノ奥阿弥陀ケ瀧　葛飾北斎の版画　1831年頃
125上◉『高祖御一代略図』佐州塚原雪中　歌川国芳（1797～1861）の版画
125下◉請地秋葉の境内『名所江戸百景』より　歌川広重画　1857年頃
126/127◉箱根湖水図　『東海道五十三次』より　歌川広重画
128/129◉神奈川沖浪裏『富嶽三十六景』より　葛飾北斎画　1829年頃　個人蔵
130上◉凱風快晴　『富嶽三十六景』より　1831年頃　ギャルリー・H.ベール
130下◉日常生活　『北斎漫画』より　1816年頃
131◉仏蘭西　一川芳員の版画　19世紀
132◉大はしあたけの夕立『名所江戸百景』より　歌川広重画　1857年頃

【資料篇】

133◉素描帖　18世紀末
135◉金閣寺の庭園　『京都の庭園の本』の挿絵　1830年　個人蔵
136/137◉平安時代の庭園『源氏物語』を題材とした素描の複製　12世紀
137◉『築山と庭園の構造に関するしきたり』　挿絵　京都　1735年
140◉『源氏物語』の絵画化　住吉具慶画　16世紀
141◉同上
142◉女流作家　同上
145◉「旅人たち」　18世紀末
146◉芭蕉　絵画　18世紀　J.オスティエ・コレクション
148◉沢庵（1573～1645）の書　墨　永青文庫　東京
149◉自照　風外（1568～1654）画　個人蔵
150左下◉「瞑想する蛙」仙厓（1750～1837）の公案　出光美術館　東京
151右上◉「大匙とすりこぎ」仙崖の公案
151左◉「猿」　白隠画　18世紀　永青文庫　東京
153◉芭蕉派の俳人　蕪村画　1828年　大英博物館
154◉版画のための彫刻
155◉『江戸名物錦画耕作』喜多川歌麿の版画　1795年頃　個人蔵
156/157◉版画製作の過程
159◉自画像を描く葛飾北斎　『略画早指南』所収　1812年　個人蔵
160◉北斎による挿絵　J.オスティエ・コレクション
162◉『略画早指南』の挿絵　葛飾北斎　1812年　同上
163◉80代の葛飾北斎　北斎の娘応為（阿栄）による版画　個人蔵

参考文献

『図説　日本の歴史（全18巻）』（1〜12巻）　集英社
アーサー・コッテル著『世界神話辞典』　柏書房
ジョン・R・ヒネルズ編　佐藤正英監訳『世界宗教事典』　青土社
佐和隆研『仏教美術入門』　社会思想社
『日本の美術8　密教の美術』　平凡社
『日本の美術9　平等院と中尊寺』　平凡社
『日本の美術10　やまと絵』　平凡社
『日本の美術13　城と書院』　平凡社
『日本の美術22　江戸の浮世絵師』　平凡社
『国民の文学3　源氏物語（上）』　与謝野晶子訳　河出書房新社
田村剛著『作庭記』　相模書房
小林忠／大久保純一著『浮世絵の鑑賞基礎知識』　至誠堂
吉田漱著『浮世絵の基礎知識』　雄山閣
山折哲雄『仏教とは何か』　中公新書

CRÉDITS PHOTOGRAPHIQUES

AKG/Werner Forman 21m 23, 68, 69, 73, 75, 76hd, 76bd, 78/79b, 82/83, 100, 104. Archives Gallimard 78/79m, 81. Artephot/Ogawa 29d. 30b, 32h. 33, 34/35b. 37d, 38, 39, 40, 41, 43, 44/45b, 48/49b, 49h. 84/85b. Artephot/Shobunsha 50h. Artephot/Shogakukan 22, 25b, 26, 123g. Artephot/Zauho-Press 59h. Asukaen 31. British Library, Londres 109h. British Museum, Londres 74g, 147. Laurent Chastel 46, 47, 48h, 54/55b, 63, 64/65, 85, 118b, 119b, 121h, 121b, 133, 145. Coll. Christophe L. 70/71h. Coll. part. 52b, 67, 135, 137, 149, 155, 163. Coll. part., Japon 119h. Dagh-Orti 28, 74d, 92/93. Nelly Delay 50/51b, 56/57h, 71d, 87. Diaf/B. Simmons 32b. Edimedia 62h. Enguerand/A. Pacciani 66/67m. Explorer/R. Baumgartner 98b. Suzanne Held, Paris 8/9, 10, 11, 12/13, 58b, 60/61h, 96b. Hoa Qui/S. Grandadam 16. Galerie Huguette Bérès. Paris 102. Magnum/R. Burri 98h. Magnum/B. Glinn 5. Magnum/T. Höpker couv. 4e plat, 6. Musée Eisei Bunko, Tokyo 148, 151d. Musée Idemitsu, Tokyo 150hg, 151bg. Photo Jean Mazenod, *L'Art de l'ancien Japon,* Editions Citadelles et Mazenod, Paris 89d. Pix/M. Trigalou 7. Rapho/G. Sioen 18/19b. Rapho/M. S. Yamashita 59. 84h, 97. Réunion des Musées nationaux couv. dos. 19, 35hd, 105, 107b. RMN/Arnaudet 21h. RMN/R. Lambert 21b, 29g, 88. Dominique Rivolier-Ruspoli couv Ier plat, 15, 24h, 24b, 25h, 27, 36, 37g, 42g, 42d, 44h, 54h, 55h, 57m, 57b, 60b, 61b, 66, 72h, 72b, 79b, 80, 89g, 90hg, 90d, 91g, 91d, 94, 95h, 95b, 96h, 99, 106, 107hg, 108, 109b, 110h, 110b, 112, 113h, 113b, 114g, 114d, 115, 116b, 117, 118h, 120h, 120b, 122, 124, 125h, 125b, 126/127, 128/129, 130h, 130b, 131, 132, 139, 140, 141, 142, 146, 154, 156-157, 159, 160, 162. Sheldan Comfert Collins 123d. Sotheby's. Londres 17,45h, 62b, 76g, 76md, 77, 78h, 86, 101, 103, 107mg, 107md, 107d, 111, 116h. Toppan Art Mall/Goto Art Museum Tokyo 52/53.

[著者]**ネリ・ドゥレ**

美術史家。専門は日本の古典美術。関与した展覧会や作成した目録多数。著書に『浮世絵』（1993年刊）がある

[監修者]**山《やま》折《おり》哲《てつ》雄《お》**

1931生まれ。東北大学文学部卒。現在，国際日本文化研究センター所長。『仏教とは何か』『地獄と浄土』『悪と往生』など，著書多数 ……………………………………………………………………………

[訳者]**遠藤《えんどう》ゆかり**

1971生まれ。上智大学文学部フランス文学科卒。仏文翻訳者。訳書に『ナポレオンの生涯』『神はなぜ生まれたか』，『一神教の誕生』などがある…………………………………………………………………………

[訳者]**藤《ふじ》丘《おか》樹《き》実《み》**

1950生まれ。慶応義塾大学文学部フランス文学科卒。仏文翻訳者。訳書に『旧約聖書の世界』などがある ……

「知の再発見」双書90

日本の歴史

2000年6月20日第1版第1刷発行
2004年2月10日第1版第2刷発行

著者　ネリ・ドゥレ

監修者　山折哲雄

訳者　遠藤ゆかり／藤丘樹実

発行者　矢部敬一

発行所　株式会社 創元社

本　　社❖大阪市中央区淡路町4-3-6　TEL(06)6231-9010(代)
FAX(06)6233-3111

URL❖http://www.sogensha.co.jp/

東京支社❖東京都新宿区神楽坂4-3煉瓦塔ビルTEL(03)3269-1051(代)

製本装幀　戸田ツトム＋岡孝治

印刷所　図書印刷株式会社

落丁・乱丁はお取替えいたします。

「知の再発見」双書

1. 文字の歴史
2. 古代エジプト探検史
3. ゴッホ
4. モーツァルト
5. マホメット（品切れ）
6. インカ帝国
7. マヤ文明
8. ゴヤ
9. 天文不思議集
10. ポンペイ・奇跡の町
11. アレクサンダー大王
12. シルクロード
13. ゴーギャン
14. クジラの世界
15. 恐竜のすべて
16. 魔女狩り
17. 化石の博物誌
18. ギリシア文明
19. アステカ王国
20. アメリカ・インディアン
21. コロンブス
22. アマゾン・瀕死の巨人
23. 奴隷と奴隷商人
24. フロイト
25. ローマ・永遠の都
26. 象の物語
27. ヴァイキング
28. 黄金のビザンティン帝国
29. アフリカ大陸探検史
30. 十字軍
31. ピカソ
32. 人魚伝説
33. 太平洋探検史
34. シェイクスピアの世界
35. ケルト人
36. ヨーロッパの始まり
37. エトルリア文明
38. 吸血鬼伝説
39. 記号の歴史
40. クレオパトラ
41. カルタゴの興亡
42. ミイラの謎
43. メソポタミア文明
44. イエスの生涯
45. ブッダの生涯
46. 古代ギリシア発掘史
47. マティス
48. アンコール・ワット
49. 宇宙の起源
50. 人類の起源
51. オスマン帝国の栄光
52. イースター島の謎
53. イエズス会
54. 日本の開国
55. ルノワール
56. 美食の歴史
57. ペルシア帝国
58. バッハ
59. アインシュタインの世界
60. ローマ人の世界
61. フリーメーソン
62. バビロニア
63. 死の歴史
64. ローマ教皇
65. 皇妃エリザベート
66. 多民族の国アメリカ
67. モネ
68. 都市国家アテネ
69. 紋章の歴史
70. キリスト教の誕生
71. アーサー王伝説
72. 錬金術
73. 「不思議の国のアリス」の誕生
74. 数の歴史
75. 宗教改革
76. シュリーマン・黄金発掘の夢
77. ギュスターブ・モロー
78. 旧約聖書の世界
79. レオナルド・ダ・ヴィンチ
80. 本の歴史
81. ラメセス2世
82. 美女の歴史
83. ヨーロッパ庭園物語
84. ナポレオンの生涯
85. ワーグナー
86. 古代中国文明
87. シャガール
88. 地中海の覇者ガレー船
89. 「星の王子さま」の誕生
90. 日本の歴史
91. 巨石文化の謎
92. セザンヌ
93. 聖書入門
94. ラファエル前派
95. 聖母マリア
96. 暦の歴史
97. ヒェログリフの謎をとく
98. レンブラント
99. ダーウィン
100. 王妃マリー・アントワネット
101. サッカーの歴史
102. 奇跡の少女 ジャンヌ・ダ